Cost management

원가관리

㈜지구문화
JIGU CULTURE Co.Ltd

머 리 말

바쁜 현대인이라면 어머니의 따뜻한 집밥보다 동네의 맛집이 더 친숙하게 여겨질 만큼 식당은 우리 생활과 밀접합니다. 대부분의 사람들은 이제 집에서 밥을 직접 해서 먹기보다는 외식이나 Take-out, 배달 서비스 등을 이용하여 식사를 해결하고 있습니다. 이런 시대의 흐름은 외식산업뿐만 아니라 이와 관련된 식품산업, 유통산업 등을 매우 빠르게 발전시키고 있습니다.

이 중 외식산업은 진입장벽이 낮고 초기 투자 비용이 많지 않아 많은 사람들이 식당 창업 시장으로 뛰어들고 있습니다. 퇴직자의 대부분은 치킨집이나 카페 등과 같이 다른 업종에 비해 창업과 운영이 쉽다고 생각되는 업종에 본인의 퇴직금을 투자하는 것이 마치 퇴직 후 당연한 수순인 것처럼 보일 정도입니다.

하지만 매년 많은 창업자들이 장밋빛 미래를 꿈꾸며 식당을 창업하지만 실패하여 본인의 퇴직금을 잃고 힘든 삶을 살게 됩니다. 기본적으로 식당 창업자(경영자)가 본인이 생각하는 식당을 만들고 지속적으로 운영하기 위해서는 수익이 창출되어야 합니다.

수익은 매출에서 비용(원가)을 제외한 나머지 금액입니다. 높은 수익을 올리기 위해서는 매출을 올리든지 내부적으로 사용하는 비용(원가)을 효율적으로 사용하여야 합니다. 매출을 올리는 방법과 비용을 관리하는 방법 중에서 수익성을 향상하는 효율적인 방법은 비용을 관리하는 입니다. 하지만 많은 외식경영자들은 원가관리를 중요하게 생각하지 않거나 상품의 품질을 변질시키는 비합리적인 방법으로 목표하는 수익을 창출하려고 합니다.

과거 우리나라는 식재료비나 인건비가 낮아 외식업을 하면 큰 돈을 벌 수 있는 기회가 많았습니다. 하지만 식재료비와 인건비는 매년 상승하여 외식업이 더 이상 높은 수익성을 유지하는 산업군이 아님을 증명하기 충분해졌습니다. 또한 상품 품질의 변화는 고객들이 가장 잘 알아차리게 되어 이런 식당에 등을 돌릴 것입니다.

따라서 외식업을 창업하고 잘 운영하여 본인이 생각하는 식당을 오랫동안 유지하고 수익성을 창출하기 위해서 노력하여야 합니다.

이 책은 현장 중심의 원가관리 방법으로 조리사와 현장 관리자가 원가를 관리하는 방법으로 예산 수립의 방법을 통하여 원가를 관리하는 방법에 대해서 정리하였습니다.

제1장은 원가관리의 기초적인 개념으로 구성되었으며, 제2장은 예산 수립 방법, 제3장은 원가관리를 위한 표준화 도구로 표준레시피, 표준구매명세서, 표준수율을 설명하였습니다. 제4장~제6장에서는 식재료의 구매부터 조리 판매단계에서 원가손실이 발생할 수 있는 경우와 예방방법에 대해서 설명하였고 제7장~제8장에서는 계획(예산)과 실제와의 차이를 분석하고 메뉴 판매에 따른 결과 분석방법에 대해서 사례를 들어 설명하였으며 제9장에서는 손익분기점 분석을 통하여 목표이익을 도출하고 메뉴가격 인상 시에 의사결정에 도움이 되는 계산 등을 설명하였습니다. 제10장은 원가관리의 관련 개념으로 원가를 통한 메뉴가격 결정 방법을 설명하였으며, 제11장에서는 인건비 관리에 대한 부분을 설명하였습니다.

저자들은 이 책이 현장에서 원가를 관리해야 하는 조리사들에게 도움이 되었으면 좋겠다는 마음으로 집필하였습니다. 원가관리의 기초적인 지식을 바탕으로 효율적이고 합리적인 원가관리가 이루어지는 현장이 많이 늘었으면 하는 바람입니다.

끝으로 이 책이 나오기까지 많은 도움을 주신 모든 분들과 (주)지구문화 관계직원들에게 감사드립니다.

신축년 중추에

저자 대표 김 문 호

차 례

차례

Contents

Chapter 1

원가관리의 이해

1. 원가의 개념
2. 원가관리의 필요성
3. 외식기업 원가관리의 어려움
4. 원가관리의 절차
5. 원가의 구성
6. 원가의 분류

Chapter 01.

원가관리의 이해

학습 목표

1. 원가의 개념에 대해서 설명할 수 있다.
2. 원가관리의 필요성에 대해서 설명할 수 있다.
3. 원가관리의 절차를 이해한다.
4. 변동비와 고정비를 구분하여 설명할 수 있다.

1. 원가의 개념

원가란? **기업이 경영의 목적을 달성하기 위하여 고객들에게 상품, 서비스, 용역을 제공하기 위해 사용되는 경제적 가치를 의미한다.**

원가는 제품의 원래 가치를 의미하는 말로써 외식기업의 이익을 얻기 위하여 고객들에게 음식이나 서비스 등을 제공하는데 사용되는 비용을 말한다. 외식기업에서는 메뉴를 생산하기 위하여 사용되는 식재료 구입비, 조리 및 서비스 제공을 위한 공간에 대한 임차비용, 메뉴를 생산하고 서비스를 제공하는 직원들의 인건비 등이 제품을 만들고 고객에게 제공하기 위해 소비되는 경제적 가치가 원가에 해당된다.

2. 원가관리의 필요성

과거 외식업은 원가 비중이 낮은 산업군으로 다른 산업군에 비해 높은 수익을 남겼다. 하지만 최근 지속적으로 상승하는 식재료비와 인건비, 임차료 등은 경영의 어려움을 가중시키면서 효율적인 경영과 이익 실현을 위한 노력을 요구하고 있다. 기업이 목표로 하는 이윤을 실현하기 위해서 외식기업은 원가계산을 근거로 기업활동에 대한 운영을 합리화하고 원가절감 방안을 모색하여야 한다.

많은 음식점은 매출이 높아도 남는 것이 없다는 말을 많이 한다. 기업은 상품 판매를 통해서 벌어들이는 매출과 상품을 만들 때 사용되는 비용의 차액에서 이익을 만든다.

이익 = 매출 − 비용

따라서 보다 높은 이익을 얻기 위해서 마케팅 커뮤니케이션을 통한 다양한 판촉전략으로 보다 많은 고객을 유치하여 매출을 증가시키거나 내부적으로 식재료 관리, 인건비 관리 등의 비용절감을 고려할 수 있을 것이다.

이벤트, 프로모션 등의 방법으로 매출을 증가시키고 이익을 향상시키려고 하는 경우에는 고객을 응대하는 직원들의 노동력이 증가되는 것과 매출액 향상을 위한 이벤트 활동에 소요되는 금전적, 비금전적인 요소가 추가적으로 발생된다는 것을 알아야 한다.

외식기업의 이익을 향상시킬 수 있는 또 다른 방법으로 비용절감을 통한 방법이 있다. 이 경우에는 매년 오르는 식재료 비용과 최저임금 상승으로 인한 인건비 등이 커다란 부담이 된다. 단기간의 이익만을 추구하여 합리적이지 못한 방법으로 식재료 비용과 인건비를 낮추게 되면 음식의 품질과 서비스 품질의 저하로 고객들은 실망하고 떠나가게 될 것이다.

따라서 효과적인 수익을 창출하기 위해서는 매출과 비용의 체계적인 관리가 필요하다. 매출과 비용의 체계적인 관리를 단순하게 생각하면 다음과 같다. 먼저 기업이 목표하고 있는 이익을 정하고 그 이익이 실현되기 위해 달성해야 하는 목표매출액과 목표매출액 달성 시 발생할 것으로 예상되는 비용을 종류별로 정하고 해당기간 동안 사용되는 비용이 예산에 맞게 사용될 수 있도록 관리하면 된다.

마지막으로 사용한 후에는 실제 사용한 비용과 예산과의 차이를 분석하여 차이가 발생한 이유를 찾아 불필요한 비용을 절감하는 것이다. 이를 통해 관리자는 예산에 따른 비용을 사용하게 될 것이고 목표한 이익을 달성할 수 있다.

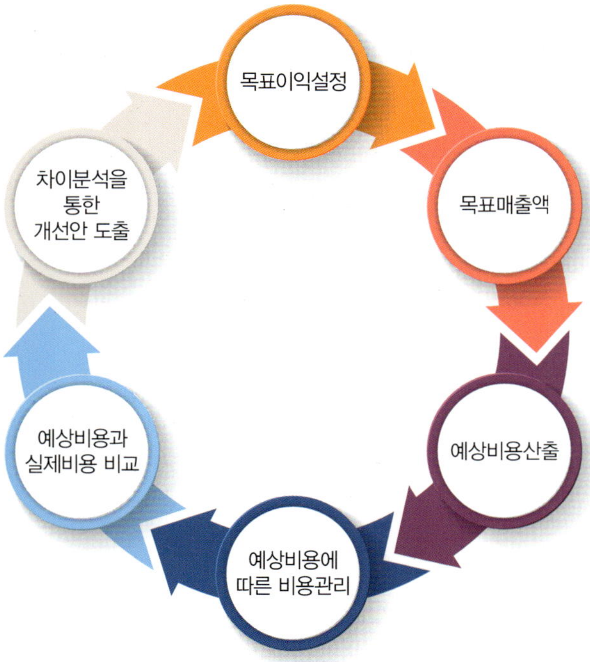

그림 1-1 손익 관리 순서도

3. 외식기업 원가관리의 어려움

일반적으로 외식기업의 원가는 다음과 같은 특성이 있어 관리에 어려움이 있다.

첫째, 외식기업에서 사용하는 식재료의 원가와 품질이 매일 변동하기 때문에 통제하기 어렵다. 외식기업에서 사용하는 비용 중 많은 부분을 차지하는 신선재료의 가격은 거의 매일 가격이 변하고, 품질 또한 공장에서 만들어 내는 공산품처럼 일정하지 않다. 따라서 일반 제조업의 원가관리와 같이 표준화 작업을 통한 원가관리를 어렵게 만드는 요인으로 작용한다.

둘째, 외식기업의 원가 중 가장 높은 비중을 차지하는 식재료는 오랜 시간 보존하는 것이 어렵다. 따라서 외식기업의 관리자는 고객의 수요를 예측하여 식재료를 준비하여야 하며 고객의 주문을 예측하여 메뉴의 생산을 준비하여야 한다. 관리자의 잘못된 예측은 과다한 식재료의 재고를 초래하고 과다한 재고는 식재료의 품질저하로 이어지며, 이는 곧 원가상승의 원인으로 작용할 수 있다.

셋째, 앞서 언급한 것과 같이 고객 수요의 예측이 쉽지 않다. 외식기업의 상품은 주문과 동시에 생산하는 특징을 가지고 있어 방문한 고객이 어떤 메뉴를 주문하여 생산하게 될지를 예측하는 것은 얼마나 많은 고객이 방문하게 될지를 예측하는 것보다 더욱 더 어렵다. 어렵게 예측한 결과와 현실과의 차이가 발생하게 되면서 현장관리자들은 예측을 불신하고 본인의 '직감'에 따라 현장을 운영하는 것이 편하다고 생각하게 된다.

넷째, 외식기업의 원가는 조리직원의 숙련도와 식재료의 상태에 따라 차이가 발생할 수 있다. 예를 들어 동일한 품목의 식재료를 손질하는 경우에도 조리직원의 숙련도에 따라 생산 수율에는 차이가 있을 수 있고, 손질하는 식재료의 품질도 매번 동일하지 못하기 때문에 모든 경우를 예측하여 관리할 수 없다.

마지막으로 외식기업에서 해당 기간에 사용한 정확한 원가를 계산하는 것이 어렵다. 왜냐하면 재고자산에 대한 조사를 통하여 산정할 수 있는데 재고조사 시 조사되는 식재료의 규격이나 구입단가의 차이가 있고 사용되는 식재료의 종류가 많아 정확한 재고를 파악할 수 없기 때문이다.

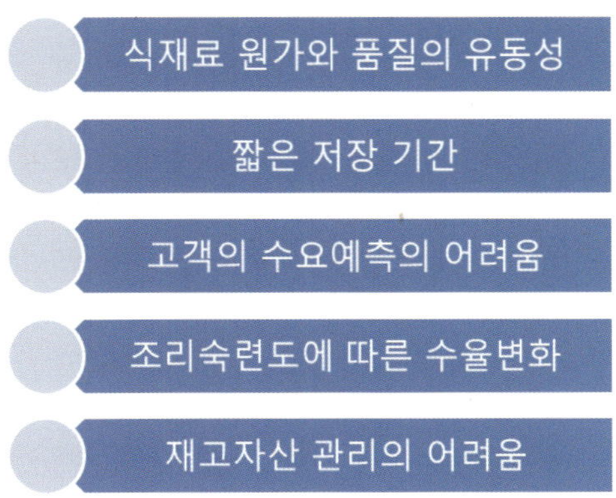

그림 1-2 외식기업 원가관리가 어려운 이유

4. 원가관리의 절차

원가관리란? **원가계산을 근거로 기업활동에 대한 전반적인 운영을 합리화하고, 일련의 생산과정에서 발생하는 원가 절감을 도모하는 경영활동을 말한다.**

외식기업에서 올바른 원가관리란 고객에게 제공되는 상품의 품질가치을 일정하게 유지할 수 있도록 제품 생산의 표준을 정하고 생산 시에 발생하는 원가를 예상하고 예상한 원가에 따라 제품이 생산될 수 있도록 통제하며, 생산 및 판매 후 예상한 원가와 실제 발생한 원가간에 발생한 차이를 분석하여 개선하는 활동을 말한다.

외식기업의 원가관리를 효율적으로 수행하기 위한 절차와 세부적으로 수행하여야 할 활동을 정의하면 다음과 같다.

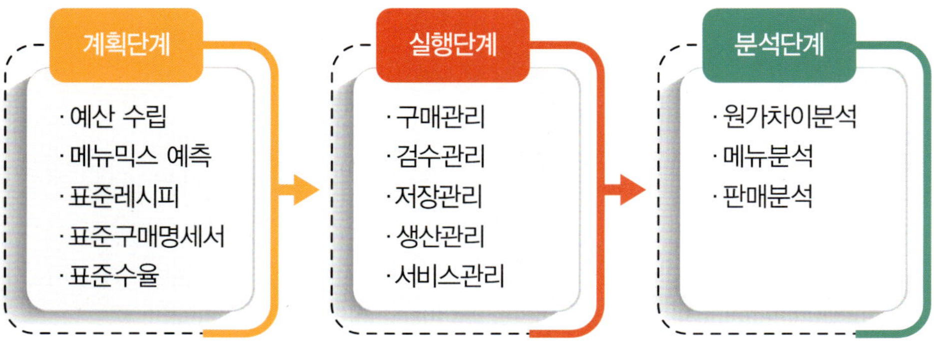

그림 1-3 원가관리의 절차

1. 원가관리의 계획단계

효과적인 원가관리를 위해서는 먼저 어떻게 운영할 것인지에 대한 계획을 수립하여야 한다. 보통은 한 달 기준으로 목표이익을 선정하고 목표이익을 얻을 수 있는 목표매출액을 산출하고 목표매출액 달성 시에 소요될 것으로 예상되는 비용을 산출한다.

즉, 예산을 수립하는 것이다.

예산을 수립한다는 말은 과거의 매출을 근거로 하여 미래의 매출을 예상하고 그에 따른 비용을 예상하는 것을 말한다. 외식기업의 관리자는 수립된 예산과 실제 외식기업의 운영 결과와 차이가 발생하지 않도록 통제하여 목표로 하는 수익을 달성한다.

외식기업에서는 매출을 예측할 때 경기의 흐름, 현장의 반응, 상품의 생명주기등을 활용하여 유추하거나 단순한 과거의 매출을 근거로 평균 등을 활용한다.

많은 외식기업의 관리자들이 원가관리를 신뢰하지 않는 이유 중 하나는 매출을 예측하고 그에 따른 비용을 산정한다는 것이 항상 정확하게 실현되지 않기 때문이다. 잘못 예측된 매출로 인하여 비용의 산정이 잘못되었다면 원가관리자는 계획한 예산에 대한 수정작업을 통하여 매출과 비용에 대한 수정예산을 작성하여야 한다.

예상매출에 따른 예상비용을 결정할 때에는 다음의 순서에 따라 계산할 수 있다.

먼저 예상매출에 따른 메뉴별의 판매비율에 대한 예측을 하여야 한다. 메뉴별 판매비율의 예측은 매우 어려운 일이다. 외식업의 특성상 고객이 주문을 하면 메뉴에 대한 생산을 시작하기 때문에 고객이 어떠한 메뉴를 주문할지를 예측한다는 것은 어려운 일이지만, 과거의 메뉴별 판매비율과 근래의 판매추세를 통한 예측방법을 사용한다면 예측이 가능하다.

다음으로 식재료에 대한 예산비용은 표준레시피를 기준으로 메뉴별 식재료 사용량을 산출하고 표준수율을 이용하여 구매량을 산출하고 표준구매명세서를 이용하여 구매품목을 결정하여 산출할 수 있다.

2. 원가관리의 실행단계

실행단계에서는 원가관리의 계획단계에서 설정한 목표원가를 달성하기 위하여 외식기업의 메뉴 생산과정에 따라 원가상승의 원인이 발생되지 않도록 관리하는 단계이다.

메뉴 생산과정은 식재료의 구매, 검수, 저장, 재고관리, 메뉴 생산, 서비스관리 등으로 나누어 설명할 수 있으며 올바른 관리를 위해서는 표준구매명세서, 표준레시피, 표준수율 등을 통하여 각 단계별로 식재료가 손실되는 비용이 증가되는 경우가 없도록 관리하여야 한다.

메뉴의 생산과정에 따라 관리내용을 정리하면 다음과 같다.

(1) 구매관리

구매단계에서 표준이 되는 기준은 표준구매명세서이다. 표준구매명세서는 외식기업에서 메뉴를 생산하기 위해 필요한 모든 식재료에 대한 기준을 정하는 것으로 식재료의 구매와 검수에 활용된다. 외식기업의 구매 담당자는 표준구매명세서에 따른 구매활동을 하기 위하여 시장 조사, 공급자 선정, 가격비교 등의 정보를 파악하여야 한다. 식재료 매입에 따른 품질 수준과 양, 가격, 계절적 요인들을 고려하여 구매하여야 한다.

(2) 검수관리

검수관리는 입고되는 식재료의 종류와 품질, 규격, 크기, 용량이 표준구매명세서의 기준과 발주서에 따라 알맞게 입고되었는지를 확인하고 적절하지 못한 품질의 식재료나 유통기한, 부정확한 가격, 기준에 미달되는 식재료 등은 반품하여 품질 기준에 적절한 식재료만 입고할 수 있게 관리하는 것이다. 잘못된 검수관리는 식재료의 품질저하로 인한 손실과 위생상의 문제가 발생할 수 있기 때문에 철저하게 검수하여야 한다.

(3) 저장관리

외식기업에서 사용하는 대부분의 식재료는 시간이 지남에 따라 품질의 변화가 생기고 온도 및 습도에 매우 민감하기 때문에 적당한 온도와 통풍, 해충 등에 따른 부패가 없도록 관리하여야 한다. 또한 유통기한이 지난 식재료는 사용할 수 없기 때문에 저장되어 있는 식재료에 대한 관리가 필요하다. 올바른 저장관리는 모든 식재료가 사용되기 전까지 필요한 품질의 상태를 유지하고 저장 중 도난 등이 발생하지 않도록 보안을 유지하는 것을 의미한다.

(4) 생산관리

생산단계는 입고된 식재료를 전처리 과정과 조리과정을 통하여 고객에게 제공할 메뉴를 생산하는 단계이다. 식재료의 전처리 과정은 입고된 식재료를 손질하여 먹을 수 있도록 가공하는 것을 의미하며 표준수율에 따라 산출량이 발생할 수 있도록 올바른 손질 방법 등을 준수하여야 한다. 또한 메뉴 생산과정에서는 표준레시피를 준수하여 조리과정에서 투입되는 식재료의 양을 준수할 수 있도록 관리하여야 한다.

(5) 서비스관리

서비스단계는 고객에게 주문을 받아 조리부에 알리고 메뉴를 생산하게 하고 완성된 메뉴를 고객에게 제공하는 단계이다. 서비스단계에서는 고객이 주문한 메뉴를 정확하게 요청하고 주문 순서에 맞게 고객에게 제공하는 것이 필요하다. 일반적으로 주문실수 및 미흡한 고객응대 등으로 생산한 메뉴에 대한 매출이 누락되거나 추가적인 비용이 발생되어 원가를 낭비하게 된다. 또한 한식의 밑반찬과 같이 주방에서 미리 준비하여 1인분씩 제공되는 품목의 경우 기업 기준을 준수하여 정량대로 제공되어야 낭비를 막을 수 있다.

3. 원가관리의 분석단계

분석단계에서는 계획단계에서 수립한 예산과 실제 운영 후 발생한 원가와의 차이를 분석하여 문제의 원인을 파악하고 개선하는 것을 말한다.

(1) 원가차이분석

과거 매출 자료를 바탕으로 수립한 예상매출과 그에 따른 원가가 영업결과에 따라 발생한 실제원가와의 차이를 분석하는 것으로 차이가 발생한 경우 어떤 단계에서의 발생한 문제점인지를 찾아내고 개선 방안을 모색하는 것을 의미한다. 분석 시 계획보다 높은 비용을 사용한 경우와 낮은 비용을 사용한 경우도 차이가 발생된 이유를 설명할 수 있어야 한다.

(2) 메뉴분석

외식기업에서 판매하는 상품은 다품목 소량 생산의 특징을 가지고 있다. 따라서 같은 매출에서도 메뉴별 판매비율메뉴믹스에 따라서 발생하는 비용의 차이가 나타날 수 있다. 원가율이 높은 메뉴가 많이 판매되었다면 같은 매출이라도 원가율은 높아질 수밖에 없다. 메뉴분석은 이러한 메뉴믹스의 문제점을 개선하고 운영 중인 메뉴를 조정하거나 신규 메뉴 개발에 활용하기 위한 것이다. 이는 운영 중인 메뉴가 경영효율성과 고객수요 측면에서 운영될 수 있도록 하는 효과적인 의사결정의 도구로 활용된다.

올바른 원가관리

원가의 차이 분석에서 예산보다 적은 비용이 발생하여 많은 이익이 발생된 경우에도 비용을 적게 사용한 원인을 찾아야 한다. 적은 비용이 발생한 이유가 날씨, 계절 등의 영향으로 낮은 식재료 비용으로 발생한 것이라면 다음의 예산수립 시에 이러한 부분을 염두하여 작성하면 되겠지만 표준레시피를 준수하지 않은 식재료를 사용하거나 투입되는 식재료의 양을 변경하여 비용을 낮춘 거라면 고객에게 잘못된 품질의 메뉴를 제공한 것이므로 올바른 원가관리의 방법이 아니다.

올바른 원가관리란?

기업이 목표로 하는 제품의 품질을 준수하는 것을 원칙으로 원가계산을 근거로 기업활동에 대한 전반적인 운영을 합리화하고, 일련의 생산과정에서 발생하는 원가 절감을 도모하는 경영활동을 말한다.

5. 원가의 구성

제품의 원가를 구성하는 원가요소는 다음 그림과 같다.

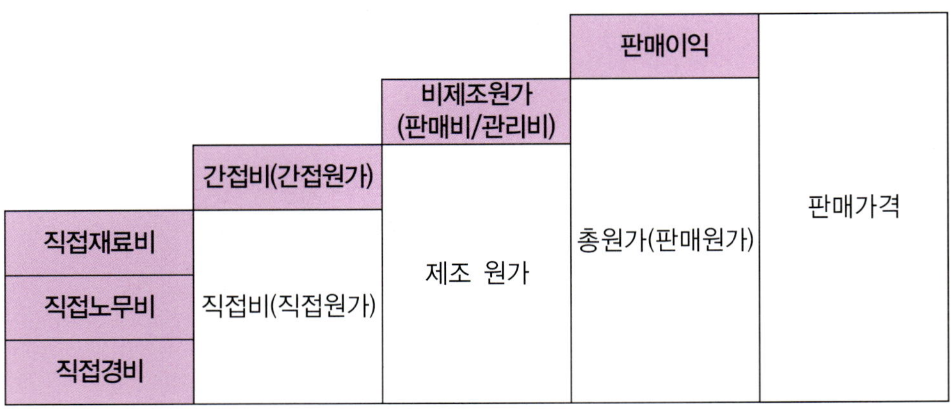

그림 1-4 원가구성

직접원가는 특정 제품의 생산을 위하여 직접적으로 소비된 원가로 직접재료비, 직접노무비, 직접경비로 구성된다.

직접원가 = 직접재료비 + 직접노무비 + 직접경비

직접원가에 개별제품의 생산에는 소요되지 않지만 제품을 생산하는데 소요되는 간접원가매장비용, 감가상각비, 보험료 등를 합하면 제품을 제조하는데 들어가는 총 비용인 제조원가를 구할 수 있다.

제조원가 = 직접원가 + 간접원가

직접원가와 간접원가를 합산한 제조원가에 판매비나 관리비와 같은 비제조원가를 더하면 총 원가, 즉 판매원가를 구할 수 있으며 여기에 기업의 판매이익을 더하면 판매가격이 결정된다.

총 원가 = 제조원가 + 비제조원가(판매비와 일반관리비)

6. 원가의 분류

기업의 경영활동 과정에서 발생하는 원가는 관리목적에 따라 다양하게 분류할 수 있다. 외식기업에서 사용되는 원가로는 식재료비, 인건비, 에너지비전기, 가스, 수도비, 수선유지비 등이 있다. 원가의 특성에 따라 분류하면 원가에 따라 관리할 수 있는 방법이 다르다는 것을 알 수 있다.

1. 원가의 구성요소

원가는 어디에 사용하는지에 따라 즉 원가의 발생 형태에 따라서 재료비, 노무비, 경비로 분류하고 이를 원가의 3요소라 한다.

(1) 재료비

사용되는 원가 중 판매하는 제품을 제조하기 위하여 소비되는 원가를 원료비 또는 재료비라 한다. 외식기업에서는 식재료비가 이에 해당한다. 재료비에는 제품의 생산 재료비와 부수적으로 사용되거나 포장 등을 위해 사용되는 비용을 포함한다.

(2) 노무비

제품을 생산하기 위해 소비되는 노동력을 사용함으로써 발생하는 비용을 노무비라 한다. 노무비에는 제품제조에 사용되는 노동력의 대가인 임금뿐만 아니라 수당, 상여금, 퇴직금과 같은 직원 복지적인 내용으로 사용되는 비용을 모두 포함한다.

(3) 경비

원가 중에서 재료비와 노무비를 제외한 일체의 비용을 **경비**라고 한다. 경비에는 에너지비, 보험료, 가스비, 감가상각비 등이 포함된다.

2. 개별제품 생산과의 관련성에 따른 분류

개별 음식의 조리와 판매를 위해 직접적으로 소비되는 것으로 원가를 **직접비**직접원가라 하며 직접비에는 직접재료비, 직접노무비, 직접경비가 있다. 이와 반대로 개별 메뉴를 제조하는데 특정지어 집계할 수는 없지만 외식기업에서 판매되는 여러 음식의 조리와 판매를 위해 소비되는 원가를 **간접비**간접원가라 한다. 간접재료비, 간접노무비, 간접경비를 모두 합한 금액으로 일정 기준에 따라 각 제품에 배분되어야 한다.

표 1-1 원가분류

원가의 분류		개별제품과의 관련성	
		직접비(직접원가)	간접비(간접원가)
원가 발생 형태	재료비	직접재료비	간접재료비
	노무비	직접노무비	간접노무비
	경비	직접경비	간접경비

3. 변동성에 따른 분류

변동성에 따른 원가의 분류는 제품의 생산량 또는 매출의 증감에 따라 원가 발생액에 변화가 생기는지에 대한 분류이다. **메뉴의 생산량의 증감에 따라 원가가 증감하는 것을 변동비라 하고 생산량과 관계없이 항상 일정한 비용을 발생하는 원가를 고정비라 한다.**

예를 들어 김밥을 판매하는 분식집에서 김밥 한 줄을 만드는데 사용되는 식재료비용이 1,000원이라고 가정한다면 고객이 1개의 김밥을 주문하여 1개의 김밥을 생산하면 1,000원의 비용이 발생하고 10개의 김밥을 주문하여 김밥 10개를 생산하면 10,000원의 식재료 비용이 발생한다.

이와 같이 메뉴의 생산량의 증감에 따라 비례하여 증감하는 식재료비와 같은 형태의 원가를 변동비라 한다. 반면 고정비는 자산의 감가상각비, 인건비, 보험료, 제세공과금, 임차료 등과 같이 메뉴의 생산량과 상관없이 일정하게 발생하는 원가를 말한다.

표 1-2 생산량에 따라 소요되는 변동비와 고정비

생산 개수	식재료비	임차료
0개	0원	100만원
1개	1,000원	100만원
2개	2,000원	100만원
3개	3,000원	100만원
4개	4,000원	100만원
5개	5,000원	100만원
6개	6,000원	100만원
7개	7,000원	100만원
8개	8,000원	100만원
9개	9,000원	100만원
10개	10,000원	100만원
	변동 (변동비)	일정 (고정비)

변동비 중에서도 생산량이 없어도 초기에 비용이 발생되는 형태의 변동비를 준변동비라고 한다. 예를 들어 전기요금, 수도요금 등과 같이 매출이 전혀 발생하지 않더라도 초기 비용이 발생하는 형태의 원가를 준변동비라고 하며 고정비 중에서도 일정한 범위 내 생산량의 변화에는 고정적이지만 그 범위를 넘어 가면 일정액 만큼 추가적인 원가가 발생하는 형태의 원가를 준고정비라 한다.

예를 들면 조리사 1인당 100인분의 메뉴를 생산할 수 있다고 가정하면 1인분~100인분의 메뉴를 생산하는 데는 1명의 조리사가 필요한데 101인분~200인분까지는 2명의 조리사가 필요하게 된다. 이렇게 생산량의 증가에 따라 계단과 같은 모양으로 증가되는 원가의 형태를 준고정비라고 한다.

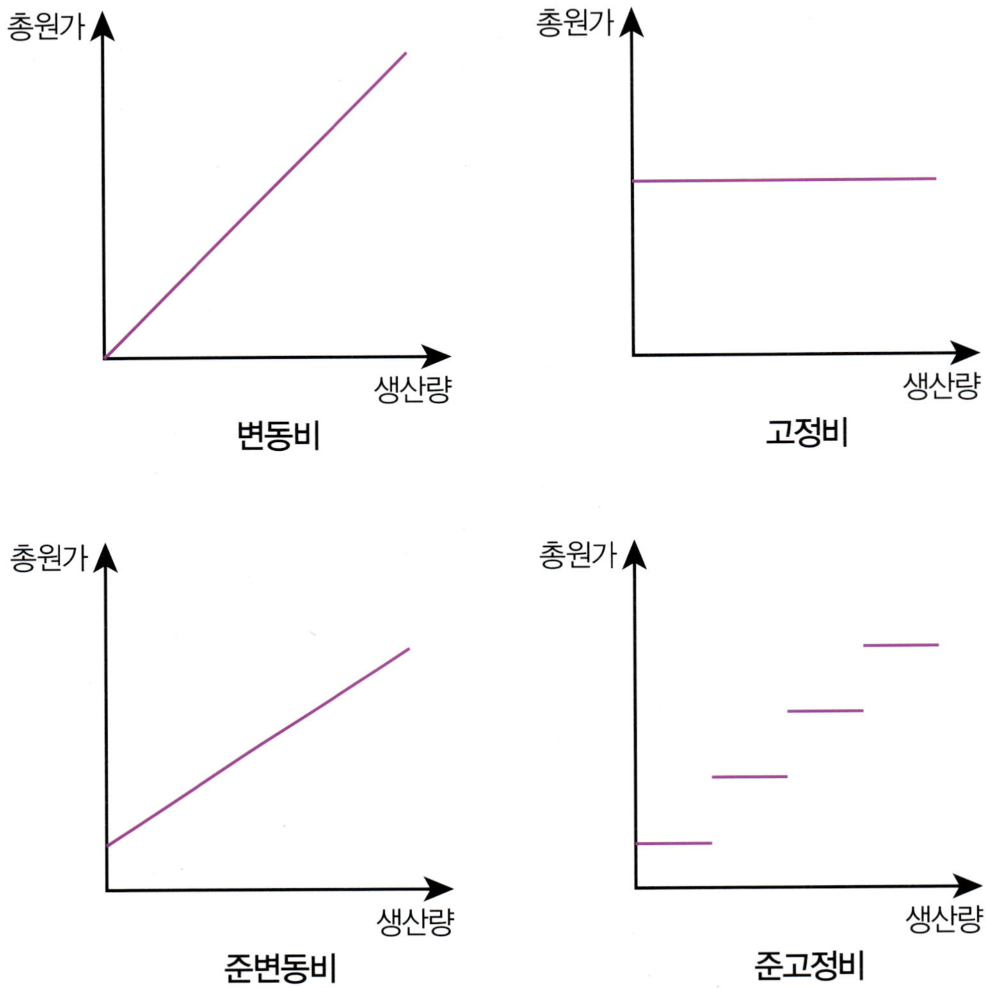

그림 1-5 변동성에 따른 원가분류

Check point

장사가 잘 됐는데 남는게 없다. 작은 가게의 돈버는 디테일, <다카이 요코>

사업에서 매출을 계산할 때 매출액에서 원가를 뺀 것을 매출 총이익, 매출 총이익에서 임대료 등 경비를 뺀 것을 영업이익이라고 하는데 영업이익을 높이는 방법은 매출을 높이거나 원가나 경비를 줄이는 것이다. 일반적인 경우 적정한 식재료원가를 판매가격 대비하여 30~35% 정도이다. 대부분의 작은 가게의 사장님들은 이러한 원가를 대충 계산하는 실수를 한다. 원가를 모르면 제품의 가격이 적정하게 형성되었는지 한 달에 몇 개를 팔아야 이익이 남는지, 할인 이벤트 등의 판촉전략을 해도 되는지 알지 못한 상태로 장사를 하게 된다.

외식기업 초보 경영자는 원가율을 계산하여 높은 원가율로 수익이 발생하지 않는다면 가격을 올리는 방법을 생각하게 된다. 하지만 이렇게 되면 높은 가격에 많은 고객들이 등을 돌리게 될 것이다. 현명한 경영자라면 원가율은 낮지만 인기있는 제품과 세트로 묶어서 판매하거나 회전율을 높여 박리다매로 원가율을 높이는 방법도 있다.

출처 : 매일경제(www.mk.co.kr) 2020.08.25. 내용 저자 재구성

연습문제

1. 목표로 하는 이익을 달성하기 위한 매출 및 비용관리 방법을 설명하시오.

2. 외식기업에서 원가관리가 어려운 이유에 대해서 설명하시오.

3. 원가의 차이 분석에서 예산보다 적은 비용을 사용한 경우에도 차이가 발생하는 원인을 찾아야 하는 이유에 대해 설명하시오.

4. 변동비와 고정비의 정의를 설명하시오.

Chapter 2

매출 목표와 예산

1. 예산의 수립
2. 손익계산서의 작성
3. 수요 예측방법
4. 수요 예측을 통한 예상매출 산출
5. 목표수익 달성을 위한 목표매출
6. 월별 예상손익계산서 작성 사례

Chapter 02.

매출 목표와 예산

학습 목표

1. 예산을 수립하는 이유를 알고 기업의 목적에 따라 예산을 수립할 수 있다.
2. 손익계산서의 구조를 이해하고 작성할 수 있다.
3. 수요를 예측하는 방법을 이용하여 예상매출을 산출할 수 있다.
4. 월별 예상매출을 통하여 월별 예상손익계산서를 작성할 수 있다.

1. 예산의 수립

예산의 수립은 미래의 계획을 짜는 것이다. 어느 정도의 고객이 방문하여 어느 메뉴를 어느 정도 주문하여 매출이 발생할 것인지를 예상하고 그에 맞는 식재료비, 노무비, 경비를 어느 정도 사용할 것인지를 계획하는 일이다. 예상되는 매출과 소요되는 비용을 고려하면 해당 기간 동안의 예상 이익을 계산할 수 있고 반대로 기업에서 목표로 하는 이익을 달성하기 위한 목표매출과 이에 소요되는 비용을 산출할 수도 있다. 따라서 미래의 기간 동안 기대할 수 있는 이익을 예측할 수 있으므로 계획을 통한 관리 도구로 사용될 수 있다.

예산의 수립을 통하여 이익창출을 위해 어느 정도의 비용이 지출되고 매출이 발생되어야 하는지 알 수 있다.

기업은 예산을 작성하는 과정에서 다음의 장점을 얻을 수 있다.

첫째, 외식기업이 달성해야 하는 목표매출과 그에 따른 비용을 직원 모두가 정확하게 알고 기업을 운영할 수 있다. 모든 직원들에게 기업의 명확한 목표를 알림으로써 직원들의 의사소통과 업무 진행에 동기를 유발할 수 있으며, 이러한 직원들의 동기유발은 직원들의 적극적인 참여로 이어져 기업 운영에 긍정적인 효과를 나타낼 수 있다.

둘째, 합리적인 예산 수립을 통하여 외식기업은 사용해야 하는 비용에 대한 명확한 기준을 설정할 수 있다. 예를 들어 예상되는 매출의 판매를 달성한 경우 필요한 인원에 대한 산출이나 소요되는 식재료의 양을 산출할 수 있기 때문에 계획적으로 대비할 수 있어 불필요하게 낭비하는 비용을 줄일 수 있다.

셋째, 예산을 수립한다는 것은 비용과 수익에 대한 예측이고 달성해야 되는 목표이기 때문에 해당 기간이 지난 후에 목표와 실제 결과에 따른 비교를 통하여 자기 평가와 그에 따른 개선점을 도출하여 지속적인 성장이 가능하게 된다.

다만 예산을 작성할 때 예산을 작성하는 과정에 시간과 비용이 추가적으로 필요하고, 불확실한 미래에 대한 계획이기 때문에 예측이 틀리는 경우가 많아 불필요하다는 주장도 많이 있다.

2. 예산 수립을 위한 기초지식 - 손익계산서의 작성

손익계산서Profit and Loss Statement or Income Statement는 일정 회계기간 동안 기업의 경영성과를 나타내주는 회계보고서로 경영의 효율성과 유효성의 척도로서 사용되며 이익계산서라고도 한다. 손익계산서를 작성하여 기업의 과거 성과에 대한 정보를 확인하고 축적하여 미래의 매출과 비용을 계획하는 예산을 수립하는 근거자료로 활용될 수 있다.

일반적으로 손익계산서는 기업의 회계보고서로 기업의 재무 상태를 파악하기 위해서 회계원칙에 따라 작성되는 재무보고서 중 하나이지만 본서에서는 매일 발생하는 매출과 비용에 대한 정보를 기준으로 일정 기간의 수익과 비용을 파악할 수 있도록 작성된 보고서를 의미한다.

손익계산서는 매출, 비용, 이익으로 구성되어 있으며 모든 수익과 비용은 발생 기간에 정확하게 작성하여야 한다. 또한 기간 내에 발생한 매출과 비용은 발생 원천에 따라 명확하게 분류하여 표시하고 발생된 수익과 비용의 전체 금액을 표시하여야 한다.

〈손익계산서 양식〉

분류	세분류		금액
매출액	음식판매금액		
	음료판매금액		
합계			
매출원가	식재료원가		
	음료원가		
합계			
매출이익			
판매관리비	인건비	급여	
		복리후생비	
	임차료		
	통신비		
	수도광열비	수도비	
		전기	
		가스	
		기타(연탄, 석유)	
	광고선전비		
	소모품비		
	감가상각비		
	기타 경비		
합계			
영업이익			
영업외 이익	수입이자		
	기타 영업외 이익		
영업외 비용	이자비용		
	기타 영업외 비용		
경상이익			
각종 세금(부가가치세, 소득세 등)			
당기순이익			

① **매출액** : 매출액은 기업의 주된 영업활동을 통하여 얻어지는 수익으로 외식기업의 주된 영업활동은 음식과 음료를 판매하여 얻어지는 수익을 의미한다.

매출액 = 음식판매금액 + 음료판매금액

② **매출원가** : 매출원가는 제품을 만드는데 소요된 비용으로 회계기간 중에 판매를 위해 생산에 투입된 식재료 및 음료의 원가를 의미한다. 음식판매를 위해 소요된 비용은 식재료원가, 음료판매를 위해 소요된 원가는 음료원가로 산정한다.

매출원가 = 식재료원가 + 음료원가

매출이익 = 매출액 − 매출원가

③ **인건비** : 직접 인건비와 간접 인건비를 포함한다. 직원의 근로의 대가로 지불하는 급여와 4대보험, 직원 식사지원금 등의 직원 복지를 위한 비용을 나누어 작성한다.

④ **임차료** : 건물 등을 임차하여 발생하는 비용을 의미한다.

⑤ **통신비** : 영업장 내의 통신과 관련하여 발생하는 비용을 의미한다.

⑥ **수도광열비** : 영업장 내의 수도, 전기, 가스 및 석유 등을 사용하는 데에 들어가는 비용을 의미한다.

⑦ **광고비** : 촉진활동을 위해 사용되는 비용으로 전단지 또는 현수막 제작, 인터넷 마케팅, SNS 마케팅 등에 소요되는 비용을 포함한다.

⑧ **소모품비** : 영업장에서 사용되는 소모성 비품을 구매하는 데에 사용되는 비용으로 냅킨, 위생용품, 소모성이 높은 기물(그릇, 주방 소모품) 등이 이에 속한다.

⑨ **감가상각비** : 기업의 유형자산이 시간이 지남에 따라 그 가치가 감소하는 것을 회계에 반영하는 것으로 감소하는 가치에 대해서 일정한 계산 방법으로 정액법과 정율법으로 계산할 수 있다.

정액법에 의한 감가상각비 계산

$$\text{연간감가상각비} = \frac{\text{취득가액} - \text{잔존가치}}{\text{내용연수}}$$

정율법에 의한 감가상각비 계산

$$\text{감가상각비} = (\text{취득가액} - \text{잔존가치}) \times \text{상각비율}$$

⑩ **영업이익** : 영업비용에 포함되는 매출원가와 판매 및 관리비를 차감하면 영업이익이 산출된다. 이는 기업의 고유활동 영업을 통해 벌어들인 돈이므로 가장 중요한 지표라 할 수 있다.

영업이익 = 매출이익 - 판매관리비

⑪ **영업외 이익** : 기업의 주된 영업활동과는 상관없이 발생한 수익으로 주로 금융상품이나 유가증권, 부동산 등의 보유와 운용과정에서 발생하는 수익을 말한다.

⑫ **영업외 비용** : 영업비용에 대립되는 개념으로 주로 상품의 매출 또는 용역의 제공 등 본연의 기업활동과는 상관없는 투자활동이나 재무활동에서 발생하는 비용으로 지급이자, 외환차손, 외화환산손실, 기부금, 투자자산처분손실, 유형자산처분손실, 재해손실 등이 이에 포함된다.

⑬ **각종 세금** : 종합소득세와 부가가치세 등이 포함된다.

[예제]

M 레스토랑 5월 1일~5월 31일까지의 매출과 비용에 대한 내역이다.

수익

- 음식판매 매출 : 14,139,500원, 음료판매 매출 : 1,506,000원

지출

- 식재료 구매 : 4,320,000원 음료재료 구매 : 389,000원
- 인건비 : 고정 3명 근무1인당 평균인건비 : 180만원
- 직원 식사 및 복리후생비 : 500,000원
- 건물관리비 : 100,000원, 수도비 : 50,000원, 전기료 : 100,000원,
- 가스비 : 100,000원, 수도비 : 50,000원
- POS렌탈 : 월 50,000원, 전화 : 50,000원, 기타 소모품비 : 150,000원
- 월임차료 : 1,400,000원
- 감가상각비 : 초기 투자비용 : 60,000,000원시설투자비는 5년 후 잔여가치 0원으로 정액법으로 계산
- 세금부가가치세, 종합소득세 : 매출의 7%으로 계산 산정함

※ 준변동비의 특성을 가지고 있는 전기료, 가스비, 수도비, 전화비, 기타 소모품비는 계산의 편의상 고정비로 산정함

① 손익계산서를 이용하여 M 식당의 5월 손익계산서를 작성하시오.

〈M 식당 5월 손익계산서〉

분류	세분류		금액
매출액	음식판매금액		
	음료판매금액		
합계			
매출원가	식재료원가		
	음료원가		
합계			
매출이익			
판매관리비	인건비	급여	
	인건비	복리후생비	
	임차료		
	통신비		
	수도광열비	수도비	
		전기	
		가스	
		기타(연탄, 석유)	
	광고선전비		
	소모품비		
	감가상각비		
	기타경비		
합계			
영업이익			
영업외 이익	수입이자		
	기타 영업외 이익		
영업외 비용	이자비용		
	기타 영업외 비용		
경상이익			
각종 세금(부가가치세, 소득세 등)			
당기순이익			

② 지출 항목 중 변동비에 속하는 항목에 해당하는 것은 무엇이며 변동비의 총합은 얼마인가?

③ 지출 항목 중 고정비에 속하는 항목에 해당하는 것은 무엇이며 고정비의 총합은 얼마인가?

[풀이]

① 손익계산서를 이용하여 M 식당의 5월 손익계산서를 작성하시오.

분류	세분류		금액
매출액	음식판매금액		14,139,500
	음료판매금액		1,506,000
합계			15,645,500
매출원가	식재료원가		4,320,000
	음료원가		389,000
합계			4,709,000
매출이익			10,936,500
판매관리비	인건비	급여	5,400,000
		복리후생비	500,000
	임차료		1,400,000
	통신비		50,000
	수도광열비	수도비	50,000
		전기	100,000
		가스	100,000
		기타(연탄, 석유)	
	광고선전비		
	소모품비		150,000
	감각상각비		1,000,000
	기타경비		150,000
합계			8,900,000
영업이익			2,036,500
영업외 이익	수입이자		
	기타 영업외 이익		
영업외 비용	이자비용		
	기타 영업외 비용		
경상이익			2,036,500
각종 세금(부가가치세, 소득세 등)			1,095,185
당기순이익			941,315

※기타 경비 : 건물관리비 + POS렌탈료로 산정함

② 지출 항목 중 변동비에 속하는 항목에 해당하는 것은 무엇이며 변동비의 총합은 얼마인가?

변동비 = 식재료원가 + 음료원가 = 4,320,000원 + 389,000원 = 4,709,000원

③ 지출 항목 중 고정비에 속하는 항목에 해당하는 것은 무엇이며 고정비의 총합은 얼마인가?

고정비 = 인건비 + 임차료 + 통신비 + 수도광열비 + 소모품비 + 감가상각비 + 기타경비
= 5,400,000원 + 500,000원 + 1,400,000원 + 50,000원 + 50,000원 + 100,000원 + 100,000원 + 150,000원 + 1,000,000원 + 150,000원
= 8,900,000원

3. 예산 수립을 위한 기초 지식 - 수요 예측방법

외식기업에서 예산을 수립하기 위해 필요한 것은 예상매출과 비용이다. 예상매출은 수요예측을 통하여 예측할 수 있으며 비용은 과거의 자료와 원가관리의 표준화 도구본서 3장 참조등을 통하여 예측할 수 있다.

먼저 수요 예측방법을 통하여 예상매출을 산출하는 방법에 대하여 알아보자.

대부분의 경영자들은 수요를 예측함에 있어서 정서적 예측방법으로 경험이나 직감에 의존하는 경우가 많이 있지만 보다 과학적이고 체계적인 시장분석을 토대로 수요를 예측하여야 한다. 보다 과학적이고 체계적인 수요를 예측하기 위해서는 과거의 판매 기록과 메뉴별 판매 비율 등을 토대로 예측하는 것이 필요하다. 이러한 기록은 고객 주문 전표를 정리하거나 POS 시스템을 활용하면 쉽게 수집될 수 있다.

과거 자료를 통하여 미래의 판매량과 고객수를 예측하기 위해서는 정량적 수요 예측방법으로 시계열 예측방법과 인과형 예측방법을 통하여 산출할 수 있다.

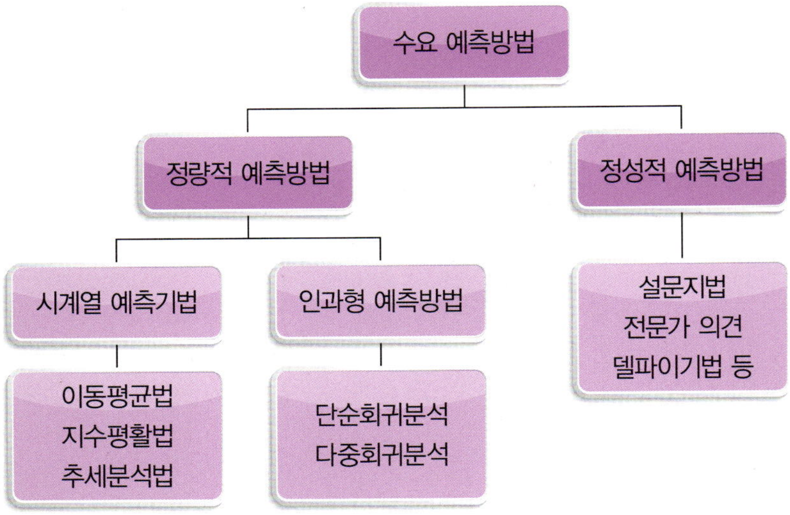

그림 2-1 수요 예측방법의 종류

(1) 시계열 예측방법

시계열 예측방법은 과거의 수요패턴이 미래에도 계속된다는 가정하에 과거의 매출액 또는 수요에 관한 자료만을 이용하는 방법으로 기본적으로 과거 수요 자료의 평균수준, 추세 등을 이용하여 미래의 매출을 예측한다.

또한, 과거의 수요 또는 매출액 자료만을 가지고 예측하므로 인과형 예측방법에서와 같은 많은 자료를 필요로 하지 않으며 또한 예측과정이 간단하여 개별 제품의 단기 수요 예측에 많이 사용된다.

1) 이동평균법

이동평균법은 최근 기록을 평균하여 수요를 예측하는 방법으로 단순이동평균법과 가중이동평균법이 있다. 이것은 새로운 기록이 발생할 때마다 가장 오래된 기록을 제외시키고, 최근의 기록평균만으로 산출하며 단체급식업체에서 주로 이용되고 있다.

단순이동평균법은 과거 월별로 작성된 자료에 동일한 가중치를 적용하는 방법이고, 가중이동평균법은 최근의 자료에 높은 가중치를 적용한 방법으로 월별 가중치는 경영자의 판단에 의존하게 된다.

[예제]

M 레스토랑 과거 1월~5월까지 5개월간의 메뉴별 판매수이다. 다음의 자료를 이용하여 6월의 예상판매수를 이동평균법으로 산출하시오.

기간	1월	2월	3월	4월	5월
볶음밥	375	430	487	521	545

[풀이]

① 단순이동평균법

$$6\text{월 볶음밥 예상판매수} = \frac{375 + 430 + 487 + 521 + 545}{5} = 472\text{개}$$

② 가중이동평균법 : 가장 최근 판매량인 5월 가중치 0.4, 4월에 0.3, 3월에 0.2, 2월에 0.1, 1월은 0의 가중치를 산정하여 계산한다.

$$6\text{월 볶음밥 예상판매수} = 0.1 \times 430 + 0.2 \times 487 + 0.3 \times 521 + 0.4 \times 545 = 515\text{개}$$

※ 단순이동평균법에 의한 6월의 예상판매량은 472개, 가중이동평균법에 의한 6월 예상판매량은 515개로 계산되었다.

2) 지수평활법

지수평활법은 과거 데이터를 최근 데이터일수록 더 높은 가중치를 주어 미래의 매출을 예측한다는 점에서 가중이동평균법과 비슷한 특성을 가지고 있다. 다만 지수평활법은 가장 최근 자료에 가중치를 부여하여 산출함으로써 단기적인 수요예측에 많이 사용되고 있다.

$$\text{수요예측치} = \alpha \times \text{지난달의 실제값} + (1 - \alpha) \times \text{지난달의 예측값}$$

α : 평활계수 (값의 범위는 0~1)

- 신메뉴 및 신제품의 값은 0.7 ~0.9
- 안정된 수요제품의 값은 0.1~0.3
- 불안정한 수요제품의 값은 0.4~0.6

D : 가장 최근의 수요량

F : 가장 최근의 예측량

α의 값은 과거의 예측결과로부터 가장 신뢰도가 높은 값으로 선정할 수도 있지만 일반적으로 기간별 매출이 크지 않고 안정된 매출을 유지하는 경우 α값은 0.1~0.3의 범위에서 결정되며 계절성이나 외부영향으로 인하여 기간별 매출 변동이 크게 발생하는 경우 α값은 0.4~0.6의 범위에서 결정한다. 마지막으로 신메뉴 출시 등 새로운 요인에 의해 요동치는 매출예측 시에는 α값을 0.7~0.9로 부여하면 된다.

[예제]

M 레스토랑 지난 5월달 볶음밥 판매량에 대해서 540개를 판매예측하였고 실제로는 545개가 판매되었다. M 레스토랑이 매출의 변화 폭이 크게 나타나는 특성을 고려하여 평활상수α 값으로 0.5로 산정하였다. 6월의 예상매출을 산출하시오.

[풀이]

$$6월의\ 예측판매수 = 0.5 \times 545개 + (1 - 0.5) \times 540 = 542.5$$

M 레스토랑은 6월 볶음밥이 약 543개가 판매될 것으로 예상한다.

3) 추세분석법

추세분석법은 과거 자료의 패턴이 미래에도 반복된다는 가정하에 주어진 자료의 패턴을 수식이나 그림으로 분석하여 미래의 수요를 예측하는 방법이다. 추세분석은 엑셀 등을 이용하면 쉽게 구할 수 있다.

[예제]

M 레스토랑 과거 1월~5월까지 5개월간의 메뉴별 판매수이다. 다음의 자료와 엑셀을 이용하여 6월의 예상판매수를 추세분석을 이용하여 산출하시오.

기간	1월	2월	3월	4월	5월
볶음밥	375	430	487	521	545

[풀이]

① 엑셀을 이용하여 M레스토랑의 1월~5월까지의 볶음밥 판매량에 관한 그래프를 그려준다.

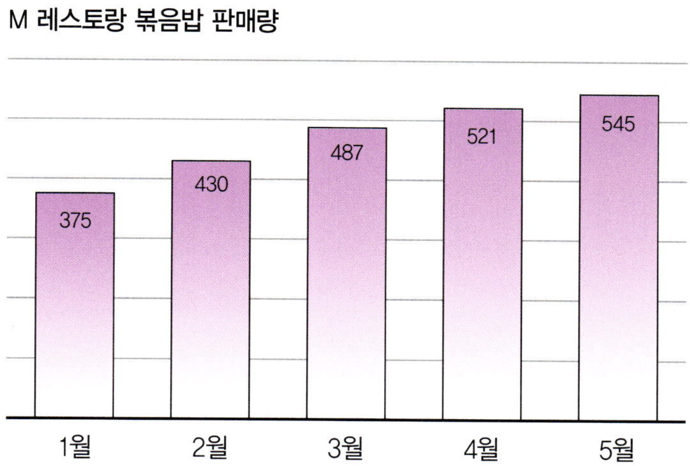

② 그려진 차트 위에 추세선을 그리고 수식을 도출한다.(추세선옵션 : 2차 다항식)

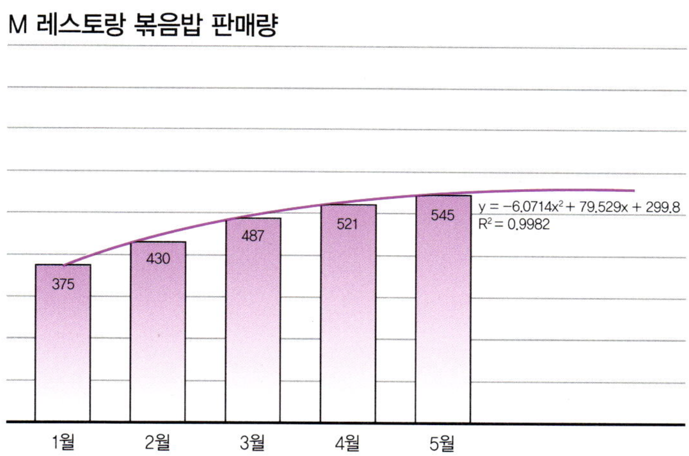

③ 도출된 수식에 따라 6월 예상판매량을 산출한다.

$$y = -6.0714x^2 + 79.529x + 299.8$$

y는 예상판매량, 변수 x는 6번째 기간에 대한 예측으로 6을 넣어서 계산하면 된다. M 레스토랑은 6월 볶음밥을 558.4개가 판매될 것으로 예상할 수 있다.

(2) 인과형 예측방법

인과모형을 이용한 예측법은 예측하려고 하는 값과 예측값에 영향을 주는 요인들 간의 인과관계를 이용하여 회귀분석을 통하여 예측하는 방식이다. 외식기업에서 매출, 판매량, 고객수에 영향을 주는 요인은 매우 다양하다. 일반적으로 요일, 날씨, 계절, 기업에서 추진하는 프로모션, 경쟁기업의 프로모션 등이 이에 해당된다.

회귀분석은 영향을 미치는 요소가 하나인 경우는 단순회귀분석을 이용하여 예측할 수 있고 다수의 요인을 고려하여 예측값을 산출하는 경우는 다중회귀분석을 이용하여 예측할 수 있다.

(3) 정서적 수요 예측방법

신메뉴 출시나 새롭게 창업하여 매출에 대한 예측이 필요하거나 과거의 매출 및 판매실적에 관한 자료가 없는 경우에는 시계열 예측이나 인과형 예측방법을 사용할 수 없다. 이러한 경우 시장조사나 전문가의 의견을 참고하여 예측하는 방법을 사용할 수 있다.

시장조사의 방법은 설문지, 전화, 개별 방문 등을 통하여 자료를 수집하고 소비자의 선호도를 분석하여 수요를 예측하는 방법으로 정서적 자료인 소비자의 선호도와 그에 영향을 주는 요인 등을 정량적 방법을 활용하여 분석하는 방법으로 시간과 비용이 많이 소요된다.

전문가들의 의견을 체계적으로 활용하기 위한 다양한 방법이 있는데 그 중 대표적인 방법이 델파이 기법이다. 델파이 기법이란 수요 예측을 위해 구성된 전문가들에게 개별적인 질의를 통해 의견을 수집하고 분석하여 그 결과물을 공개하여 서로 간의 차이가 나타나면 새로운 질의를 재차 배포하는 절차를 반복하여 합의된 결과를 도출하는 방법이다. 전문가 집단에 의해 상당히 정확한 예측을 도출할 수는 있으나 시간과 비용이 많이 소요된다.

4. 수요 예측을 통한 예상매출 산출

일반적으로 외식기업에서는 과거의 기록과 정보와 추세를 통하여 시계열분석법과 인과형 예측법 등을 활용하여 예상매출액을 산출하고 기업의 목표이익 등을 고려하여 목표매출을 결정한다. 다음에서는 예상매출액을 산출할 때 사용하는 다양한 방법들을 소개한다.

1. 객단가와 고객수를 통한 매출 예측방법

매출액 = 객단가 × 고객수

객단가와 고객수를 예측하여 곱하면 예상매출액을 구할 수 있다. 일반적으로 안정적인 매출을 유지하는 외식기업의 경우 과거의 기록을 통하여 평균 객단가와 평균고객수를 구하여 매출을 예측할 수 있으며 불규칙하고 계절적인 영향이 큰 아이템을 판매하는 외식기업의 경우에는 추세분석이나 인과형 예측방법을 사용하여 산출할 수 있다.

2. 메뉴별선택비율에 따른 매출 예측방법

1단계 : 과거 정보로부터 과거메뉴별선택비율 산출

메뉴별선택비율 = 과거평균판매량 ÷ 과거평균고객수

2단계 : 과거 고객수에 관한 기록으로부터 고객수 예측(시계열형방법)

3단계 : 메뉴별예상판매수량 산출

메뉴별예상판매량 = 메뉴별예상선택비율 × 고객수

4단계 : 메뉴별 판매액 산출

메뉴별판매액 = 메뉴별예상판매량 × 메뉴판매가

5단계 : 메뉴별 판매액을 합하여 총 매출 산출

과거의 정보로부터 메뉴별선택비율을 산출하여 예측하는 기간 내에 방문할 예측고객수를 곱하면 메뉴별 판매량을 구할 수 있고 여기에 메뉴별 판매가를 곱하면 메뉴별판매액을 산출할 수 있으며 이렇게 산출한 메뉴별판매액을 모두 합하면 전체 매출을 구할 수 있다.

3. 좌석회전율을 이용한 고객수 예측

좌석회전율 = 총고객수 ÷ 좌석수

좌석점유율 = 점유된 좌석수 ÷ 좌석수

고객수 = 좌석수 × 좌석점유율 × 좌석회전율

좌석회전율은 외식기업의 매장 좌석에 하루 동안 몇 명의 고객이 앉았는지를 전체 좌석수로 나누어 나타낸다. 예를 들면 좌석이 50개가 있는 매장에 하루 방문 고객수가 300명이면 좌석회전율 = 300명 ÷ 50석 = 6으로 좌석회전율은 6회가 된다.

이와 다른 개념으로 좌석점유율은 매장의 전체 좌석수 대비 고객에 의해 점유된 비율을 의미한다. 평균적으로 50석의 자리에 몇 명의 고객이 점유하고 있는지를 알아야 한다. 즉 50석의 자리에 40명의 고객이 앉아 식사를 하고 있다면 좌석점유율=40석÷50석=80%의 좌석점유율을 산출할 수 있다.

예상매출은 좌석회전율과 좌석점유율을 통해 구해진 고객수에 객단가를 곱하거나 메뉴별선택비율에 따른 예측방법의 식에 고객수를 대입하여 구할 수 있다.

예측 고객수 = 좌석수 × 좌석점유율 × 좌석회전율

예상매출 = 예측고객수 × 객단가

or

매뉴별판매액 = 예측고객수 × 메뉴별선택비율 × 메뉴별판매가

[예제]

※ 다음은 M 레스토랑의 1월 ~5월까지의 판매실적이다.

월	메뉴명	볶음밥	쌀국수	볶음국수	탄산음료	고객수 (명)	객단가 (원)	월매출(원)
구분	판매가격	8,500	12,000	15,000	2,000			
1월	판매량	375	532	320	530	1,227	12,577	15,431,500
	판매금액	3,187,500	6,384,000	4,800,000	1,060,000			
2월	판매량	430	487	210	530	1,127	12,164	13,709,000
	판매금액	3,655,000	5,844,000	3,150,000	1,060,000			
3월	판매량	487	477	220	530	1,184	12,013	14,223,500
	판매금액	4,139,500	5,724,000	3,300,000	1,060,000			
4월	판매량	521	452	243	530	1,216	11,972	14,557,500
	판매금액	4,428,500	5,424,000	3,645,000	1,060,000			
5월	판매량	545	356	349	753	1,250	12,516	15,645,500
	판매금액	4,632,500	4,272,000	5,235,000	1,506,000			

1) 6월의 객단가와 예상고객수를 단순이동평균법을 이용하여 구하고 매출을 예측하시오.

[풀이]

① 평균객단가

$$= \frac{12,577\text{원} + 12,164\text{원} + 12,013\text{원} + 11,972\text{원} + 12,516\text{원}}{5} = 12,248\text{원}$$

② 예상고객수

$$= \frac{1,227\text{명} + 1,127\text{명} + 1,184\text{명} + 1,216\text{명} + 1,250\text{명}}{5} = 1,201\text{명}$$

③ 예상매출 = 12,248원 × 1,201명 = 14,709,848원

2) 6월 예상고객수가 1,500명일 경우 메뉴별선택비율을 통하여 메뉴별 판매수량과 전체 매출을 예측하시오. 과거메뉴별판매량과 과거평균고객수는 5개월 판매량과 고객수를 단순이동평균법을 이용하여 구하시오.

[풀이]

① 과거 5개월 메뉴별판매량을 통한 메뉴별판매비율 산출

$$\text{메뉴별선택비율} = \text{과거메뉴별평균판매량} \div \text{과거평균고객수}$$

월구분	메뉴명	볶음밥	쌀국수	볶음국수	탄산음료
	판매가격	8,500	12,000	15,000	2,000
과거5개월평균	평균판매량	472	461	268	706
	메뉴별 선택비율	39%	38%	22%	59%

② 과거고객수에 관한 기록으로부터 고객수 예측

$$\text{예상고객수} = \frac{1{,}227\text{명} + 1{,}127\text{명} + 1{,}184\text{명} + 1{,}216\text{명} + 1{,}250\text{명}}{5} = 1{,}201\text{명}$$

③ 메뉴별예상판매수량 산출

$$\text{메뉴별예상판매량} = \text{메뉴별예상판매비율} \times \text{고객수}$$

④ 메뉴별판매액 산출

$$\text{메뉴별판매액} = \text{메뉴별판매량} \times \text{메뉴판매가}$$

예상고객수	메뉴명	볶음밥	쌀국수	볶음국수	탄산음료
	판매가격	8,500	12,000	15,000	2,000
1,500명	메뉴별 선택비율	39%	38%	22%	59%
	6월예상판매량	585	570	330	885
	메뉴별 예상판매액	4,972,500	6,840,000	4,950,000	1,770,000

⑤ 메뉴별판매액을 합하여 총매출 산출

$$\begin{aligned}\text{예상총매출} &= \text{메뉴별예상판매액 총합} \\ &= 4{,}972{,}500 + 6{,}840{,}000 + 4{,}950{,}000 + 1{,}770{,}000 = 18{,}532{,}500\text{원}\end{aligned}$$

5. 목표수익 달성을 위한 목표매출

과거 기록을 이용하여 산출하는 예상매출액은 지금까지의 운영 방법에 따라 기업을 계속 운영하는 것을 전제하고 있다. 하지만 과거의 매출기록을 통해서 산출된 예상매출을 목표로 삼은 조직은 없을 것이다. 기업의 환경은 계속해서 변화되고 경쟁자의 출현으로 과거의 기록으로 산출된 예측만큼의 매출을 올리는 것이 계속 어려워진다. 또한 기업은 성장을 위해 새로운 투자와 촉진전략, 새로운 메뉴개발, 시장개발 등 다양한 방법을 도입하여 과거보다는 높은 매출과 이익을 달성하기 위해 노력하고 있다.

특히 예산수립을 통한 계획적인 매출과 원가를 관리하기 위해서는 매출과 이익의 관계를 경영자의 관점으로 보아야 계획적인 관리가 가능하다. 계획적이지 못하고 결과론적인 관점에서 매출과 이익을 바라보는 경영자는 한 달의 영업 결과를 매출에서 비용을 제외하고 얼마만큼의 이익이 발생하였는지로 판단하고 발생된 이익을 통하여 성과를 판단할 것이다. 하지만 계획적인 경영자라고 한다면 목표로 하는 이익을 고려하여 매출과 비용을 산출하고 매출 목표가 달성되기 위한 다양한 전략을 계획할 것이며 계획보다 낮은 비용을 발생시키기 위해서 비용을 관리할 것이다.

매출 – 비용 = 이익	⇨	이익 = 매출 – 비용

따라서 예산을 수립할 때 경영자는 기업이 지속적으로 성장하기 위해 필요한 이익과 사업을 운영함에 있어 경영자로서 달성 가능한 목표이익을 고려한 목표매출과 비용을 결정하여야 한다.

표 2-1 외식업태별 수익구조

구분		일반 식당	파인다이닝	패스트푸드
식재료비		32	33	27
인건비		30	34	24
임대료		14	14	12
기타 잡비		6	10	6
이익	세전	18	9	31
	세후	14	7	25

*자료: kitchenette's interview with food entrepreneurs

외식기업의 경우 1년 단위의 단기계획부터 5년~10년 단위의 중장기 발전계획을 작성하고 그에 따라 예산도 작성하게 된다.

보통 연말이 되면 차년도 예산을 작성하고 점포에는 연간 예산을 바탕으로 월별, 주별, 일별 매출 및 비용계획을 수립하여 목표로 하는 이익을 달성하기 위해 노력하게 된다.

6. 월별 예상손익계산서 작성 사례

예산작성은 손익계산서를 이용하여 작성하게 되면 매출과 비용, 이익을 일목요연하게 정리할 수 있다.

[예제]

M레스토랑의 5월 손익계산서가 다음과 같고 6월 목표매출이 17,000,000원일 경우 6월 예상손익계산서를 작성해보자.

- 음식과 음료 매출은 9:1비율로 판매를 예측한다.
- 식재료원가는 표준레시피를 통하여 평균 28.3%, 음료원가률은 25%로 계산한다.
- 세금은 매출 대비 7%로 계산한다.
- 준변동비의 특성을 가지고 있는 전기료, 가스비, 수도비, 전화비, 기타소모품비는

계산의 편의상 고정비로 산정하였다.

〈M레스토랑 5월 손익계산서〉

분류	세분류		금액	비율
매출액	음식판매금액		14,139,500	90.37%
	음료판매금액		1,506,000	9.63%
합계			15,645,500	100.00%
매출원가	식재료원가		4,320,000	30.55%
	음료원가		389,000	25.83%
합계			4,709,000	30.10%
매출이익			10,936,500	69.90%
판매관리비	인건비	급여	5,400,000	34.51%
		복리후생비	500,000	3.20%
	임차료		1,400,000	8.95%
	통신비		50,000	0.32%
	수도광열비	수도비	50,000	0.32%
		전기	100,000	0.64%
		가스	100,000	0.64%
		기타(연탄, 석유)		0.00%
	광고선전비			0.00%
	소모품비		150,000	0.96%
	감가상각비		1,000,000	6.39%
	기타경비		150,000	0.96%
합계			8,900,000	56.89%
영업이익			2,036,500	13.02%
영업외 이익	수입이자			0.00%
	기타 영업외 이익			0.00%
영업외 비용	이자비용			0.00%
	기타 영업외 비용			0.00%
경상이익			2,036,500	13.02%
각종 세금(부가가치세, 소득세 등)			1,095,185	7.00%
당기순이익			941,315	6.02%

[풀이]

〈6월예상 손익계산서〉

분류	세분류		금액	비율
매출액	음식판매금액		15,300,000	90.00%
	음료판매금액		1,700,000	10.00%
합계			17,000,000	100.00%
매출원가	식재료원가		4,329,900	28.30%
	음료원가		425,000	25.00%
합계			4,754,900	27.97%
매출이익			12,245,100	72.03%
판매관리비	인건비	급여	5,400,000	31.76%
		복리후생비	500,000	2.94%
	임차료		1,400,000	8.24%
	통신비		50,000	0.29%
	수도광열비	수도비	50,000	0.29%
		전기	100,000	0.59%
		가스	100,000	0.59%
		기타(연탄, 석유)		0.00%
	광고선전비			0.00%
	소모품비		150,000	0.88%
	감가상각비		1,000,000	5.88%
	기타경비		150,000	0.88%
합계			8,900,000	52.35%
영업이익			3,345,100	19.68%
영업외 이익	수입이자			0.00%
	기타 영업외 이익			0.00%
영업외 비용	이자비용			0.00%
	기타 영업외 비용			0.00%
경상이익			3,345,100	19.68%
각종 세금(부가가치세, 소득세 등)			1,190,000	7.00%
당기순이익			2,155,100	12.68%

Check point

인공지능이 수요예측, 레스토랑의 빈자리를 팔아드립니다_ '테이블매니저'

오늘 판매하지 않으면 그 가치가 사라지는 레스토랑의 빈자리, 즉 공급과 수요의 불균형은 외식산업의 구조적인 문제이다. 호텔과 항공산업도 마찬가지로 이러한 산업군에서는 수요에 따라 다양한 가격을 제공하는 방법으로 수익을 극대화하고 있다. '테이블매니저'는 그 동안의 예약관리 시스템을 통하여 축적된 데이터를 AI가 분석하고 빈자리를 예측하여 할인된 가격에 판매하는 시스템을 선보이고 있다. 매장 입장에서는 그냥 할인해주면 피해가 될 수도 있지만 빈자리에 대해 판매하는 것이니 오히려 수익이 나는 것이라 반응이 안 좋을 수가 없다. 빈자리 수요 예측의 정확도 또한 매우 높다는 결론이라 테이블매니저 또한 매우 고무적이다.

출처 : 호텔앤레스토랑(www.hotelrestaurant.co.k) 2021.03.04. 내용 저자 재구성

연습문제

1. 예산수립으로 얻을 수 있는 장점에 대해서 설명하시오.

2. 수요 예측방법 중 시계열 예측기법에 대해서 설명하시오.(이동평균법, 지수평활법, 추세분석법)

3. 관리자의 시점에서의 "매출 - 비용 = 이익"과 "이익 = 매출 - 비용"의 차이점을 설명하시오.

Chapter 3

외식기업의 원가관리 도구

1. 기준 설정의 필요성
2. 원가관리에 사용되는 기준

Chapter 03.

외식기업의 원가관리 도구

학습 목표

1. 표준설정의 필요성을 설명할 수 있다.
2. 표준구매명세서를 작성하고 원가관리에 활용할 수 있다.
3. 표준레시피를 작성하고 원가관리에 활용할 수 있다.
4. 표준 수율을 산출하고 원가관리에 활용할 수 있다.

1. 기준 설정의 필요성

많은 경영자들이 이익이 줄어들면 비용이 늘어 이익이 줄어든 것으로 판단하여 모든 비용에 대한 절감 방안을 모색하게 된다. 여기서 알아야 할 것은 바로 '어디까지 줄여야 할까?'이다. 고객에게 제공되는 메뉴를 낮은 품질로 만들면서 식재료비를 아끼는 것은 올바른 원가관리의 방법이 아니다. 원가관리란 상품의 품질을 일정하게 유지한다는 기본 전제하에 원가를 올바로 사용하여 상품을 생산하는 것을 의미한다. 즉 외식기업의 원가관리를 위해서는 관리의 기준이 있어야 한다.

따라서 원가관리를 위해 기업은 관리대상별 기준의 설정이 필요하다. 음식의 품질이나 일관성을 위하여 기준이 되는 원가를 설정하고 생산시점에서 품질관리를 위한 기준을 설정하여야 한다. 원가를 효율적으로 관리하기 위해서는 생산하는 메뉴 품질의 수준과 고객에게 제공되는 서비스 품질의 수준을 정하고 정해진 품질의 상품과 서비스가 고객에게 일정하게 제공될 수 있도록 시스템화한다.

메뉴의 조리과정 중 종사원은 기업에서 정한 품질 수준의 메뉴를 생산하기 위해서 들어가는 식재료의 구매방법, 검수방법, 전처리방법, 저장방법, 조리방법의 기준을 준수해야 한다. 또한 관리자는 업무 담당자가 기준에 맞게 업무를 진행할 수 있는 환경을 만들어 주고 관리하여야 한다.

원가관리를 위한 기준 설정은 합리적인 원가계산을 가능하게 하여 메뉴별 원가산출과 업무를 단순화하여 생산성을 향상시킬 수 있다.

기업에서 상품의 품질과 양, 가치 정도에 따라 결정되는 공인된 기준을 표준이라 하고, 어떤 물건이 상품이 되거나 만들 시 만드는 규칙이나 방법의 표준을 정하고 활용하여 시스템화하는 것을 표준화라 한다. 이러한 표준화 과정을 통하여 동일한 품질의 상품과 서비스가 생산되고 고객에게 제공될 수 있기 때문에 원가관리뿐만 아니라 품질관리 측면에서도 활용될 수 있다.

원가관리를 위해 원가관리자는 상품의 품질을 유지할 수 있는 생산과 관련된 합리적 수준의 표준을 설정하고, 설정된 표준이 기업의 유동적인 환경에도 생산활동에 적합한 기준이 될 수 있는지를 확인하여 효과적인 원가관리의 도구가 될 수 있도록 노력하여야 한다. 다만 외식기업에서 표준은 계절성 등에 영향을 받는 식재료 품질의 통일적이지 못한 특성, 시간에 따라 변질되는 식재료 품질, 직원별 직무능력의 차이, 생산시설에 따른 차이 등에 영향을 받기 때문에 표준화하는 데 어려움이 있다.

2. 원가관리에 사용되는 기준

1. 표준구매명세서(Standard Purchase Specification)

표준구매명세서는 메뉴의 생산 즉 조리에 사용되는 각종 식재료들의 세부적 사양, 규격, 특징, 원산지, 유효기간, 포장단위별 중량 등을 기술한 것이다.

메뉴의 생산에 소요되는 식재료는 매우 다양한 종류가 존재한다. 우리가 흔히 구매하여 사용하는 식재료도 제조방법, 브랜드, 포장용기에 따라 그 종류가 천차만별이며 그에 따라 가격에도 차이가 발생한다. 따라서 외식기업에서는 메뉴의 품질기준을 충족시킬 수 있는 식재료별 정확한 기준을 정하고 그에 따라 식재료를 구별하여 구매하고 사용하여야 한다.

일반적으로 표준구매명세서는 상품명, 수량, 무게, 포장방법, 포장단위, 등급, 원산지, 품종, 보관상태냉장, 냉동 등, 가격, 기타 식재료별 특이사항 등을 기술한다.

표준구매명세서는 구매 시에 공급자와의 의사소통에 매우 큰 도움이 되기 때문에 구매 및 검수 시에 활용될 수 있다. 구매 시에는 구매를 위한 입찰이나 견적 기준을 제시하여 공급업체 평가에 활용할 수 있고, 검수 시에는 검수의 기준이 되기 때문에 효율적이고 빠른 검수를 진행할 수 있다. 또한, 구매한 식재료가 항상 동일하여 수율 측정을 가능하게 한다.

표 3-1 표준구매명세서 사례

<table>
<tr><th>품명</th><th>큐브롤 립
오프(립아이)</th><th>영문명</th><th>CUBE ROLL
LIP OFF</th><th>상품 코드</th><th>000-0000</th></tr>
<tr><td colspan="2" rowspan="5">
Whole
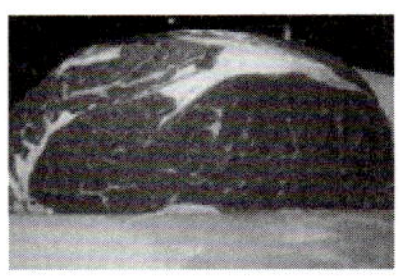
Top
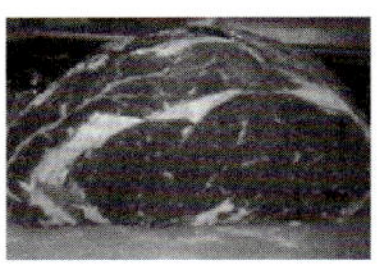
Middle
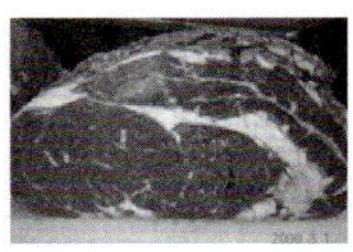
End</td><td>계절성</td><td>-</td><td>제조사</td><td>A 육가공</td></tr>
<tr><td>분류</td><td>육류</td><td>원산지</td><td>미국산</td></tr>
<tr><td>단위</td><td>6kg/3whole/
box</td><td>등급</td><td>미국산 기준
Choice
+
Prime 급</td></tr>
<tr><td>영양소</td><td colspan="3">187kcal/100g</td></tr>
<tr><td colspan="4">일반정보
- Grainfed 120days
- 3주 기본 숙성</td></tr>
<tr><td rowspan="7">품질기준</td><td>외관</td><td colspan="4">홀 전체적인 크기가 일정해야 하며, 진공상태가 유지되어 있어야 한다.</td></tr>
<tr><td rowspan="2">선도</td><td colspan="4">흰색, 녹색 반점이 생기거나, 푸른색 빛이 도는 상품은 부적합하다.</td></tr>
<tr><td colspan="4">표면이 미끈거리거나, 끈적거리는 점액질이 흐르는 상품은 부적합하다.</td></tr>
<tr><td>맛</td><td colspan="4"></td></tr>
<tr><td>냄새</td><td colspan="4">이취(시큼한 우유냄새)가 날 수 있으나, 팩 제거후 일정시간 경과하면 없어진다.</td></tr>
<tr><td>색상</td><td colspan="4">진공팩(검붉은 색, 자주빛 붉은색)
개봉 후 식육색소가 산소를 흡입하여 밝은 선홍색으로 돌아옴</td></tr>
<tr><td>보관법</td><td colspan="4">냉장 보관 / 검수 시 냉장입고된 상품의 내부온도는 10℃ 미만
종이 포장박스가 젖은 경우 진공포장 파손 여부를 확인하여 조치한다.</td></tr>
</table>

2. 표준레시피(Standard Recipe)

원가관리의 가장 기본적인 표준으로 조리에 투입되는 식재료의 양과 조리법을 표준화한 것을 말한다. 외식기업은 고객에게 제공되기 위해 조리되는 모든 메뉴에 대해 반드시 표준이 되는 조리법이 있어야 한다. 표준레시피는 품질과 원가의 일관성을 보장하는 도구이며 이를 통하여 가격결정, 고객 반응에 따른 품질개선 등에 활용할 수 있다.

상품의 품질관리와 원가관리를 하기 위해서 표준레시피는 다음의 정보가 포함되어야 한다.

① 식재료의 품질과 특징은 표준구매명세서에 명시된 식재료 표준과 연동되어야 한다.

② 조리에 투입되는 식재료의 정확한 양과 단위를 정확하게 기술하여야 한다.

③ 조리에 필요한 장비와 주방의 조리기기 등을 기술하여야 한다.

④ 고객에게 제공되는 메뉴의 식재료 전처리방법과 조리방법을 기술하여야 한다.

표준레시피는 조리 현장에서 사용되는 표준화 도구로 여러 번의 테스트를 통하여 고객에게 제공될 메뉴의 품질수준을 준수할 수 있도록 작성되어야 한다. 관리자는 표준 품질의 상품을 지속적으로 생산할 수 있게 하기 위해서 표준레시피의 모든 요소조리법, 식재료량 등를 주기적으로 확인하여 상품의 품질이 유지되는지를 확인하여야 한다.

표 3-2 표준레시피 사례

볶음밥	레시피번호	J-1	조리시간	5분
	최종수정일	2021.5.2	유효시간	10분

재료	필요량	단위
닭다리살	80	g
새우살(탈각)	40	g
양파	80	g
홍피망	6	g
표고버섯	20	g
식용유	6	g
스팀밥	200	g
볶음밥 소스	30	g
소금	1	g
후추	1	g

연관레시피 : 볶음밥 소스, 피클, 장국
필요기물 : 그리들, 스페츌라, 접시
재료준비과정
1. 양파, 홍피망, 실파는 규격에 맞추어 준비한다.
2. 볶음밥 소스는 레시피에 준하여 준비한다.
3. 새우살은 흐르는 물로 해동하여 준비한다.
4. 그리들은 기름 코팅을 하여 온도를 맞추어 준비한다.
조리과정
1. 그리들에 식용유를 두른 후 손질한 닭다리살과 새우살을 익힌다.
2. 닭다리살이 반쯤 익으면 양파, 홍피망, 불린 건표고를 넣고 소금, 후추로 간을 하면서 볶는다.
3. 양파가 투명해질 정도로 익으면 정량의 기름, 밥을 넣고 소스와 함께 볶아 낸다.
4. 밥을 볶을 때는 소스가 밥에 골고루 배일 수 있도록 잘 볶아 준다.
5. 준비된 라운드접시 한쪽에 볶음밥을 올려 주고 반대 쪽에는 야채믹스, 피클을 올려준 후 장국과 함께 제공한다.

3. 표준수율(Standard Yields)

외식기업에서 사용하는 대부분의 식재료는 농수산물을 이용하는 경우가 많다. 이런 식재료는 구매 후 전처리 단계를 거치면서 메뉴로써 고객들에게 제공되는 가식부위와 전처리 과정에서 버려지는 부분으로 나뉘게 된다. 수율이란 입고되는 상태의 중량과 전처리 과정을 거친 후 고객에게 제공 가능한 식재료 양의 순수한 비율을 의미한다.

표준수율이란 전처리 단계를 거쳐 식재료별로 먹을 수 있는 양의 비율이 얼마나 되는지를 여러 번의 실험을 통하여 확인하고 기업에서 원하는 상품의 품질을 유지하기 위한 수율을 말한다.

$$\text{수율(Yield)} = \frac{\text{가식부량(EP)}}{\text{구매량(AP)}}$$

구매량(As-Purchased)

최초 구매한 순수한 식재료의 양으로 공급업체 직원에 의하여 점포에 배달되었을 때의 무게이다.

가식부량(Edible-Purchased: 손질 후 무게)

구매량에서 고객에게 제공되지 않는 분량을 제외한 요리 가능한 무게이다.

[예제]

복음밥에 사용하기 위해 피양파 10kg을 구매하여 손질한 후 볶음밥에 사용할 양파 9kg을 얻었다면 양파의 수율은 몇 % 인가?

[풀이]

$$\text{수율} = \frac{\text{가식부량(EP)}}{\text{구매량(AP)}} = \frac{9\text{ kg}}{10\text{ kg}} = 90\%$$

볶음밥용 양파의 수율은 90%이다.

표 3-3 표준수율 예시

품목	구매수량	단위	표준산출량	
			표준산출무게	비율(%)
텐더로인	3	kg	2.3	76.7%
립아이	10.55	kg	8.37	79.3%
갈비(찜용)	10.87	kg	10.45	96.1%
갈비(구이용)	17.36	kg	15.3	88.1%
돼지족발	100	kg	75	75%
활광어	3	kg	1.43	47.6%
연어	4	kg	2.6	65%
방어	10	kg	4.6	46%
전복	10	kg	3.4	34%
갑오징어	10	kg	2.1	21%
감자	10	kg	8.3	83%
당근	10	kg	8.6	86%
양배추	10	kg	7.5	75%
오이	10	kg	9.1	91%
양파	10	kg	8.4	84%

출처 : 송수근 외 1명(2020), 외식조리원가관리 자료를 인용하여 수정

연습문제

1. 외식기업의 원가관리 도구의 표준화가 어려운 이유에 대해서 설명하시오.

2. 표준구매명세서에서 표준화하고 있는 요소들에 대해서 설명하시오.

3. 표준레시피에 포함되어 작성되는 정보에 대해서 설명하시오.

4. 표준수율의 표준화가 어려운 이유에 대해서 설명하시오.

Chapter 4

식재료 구매 및 검수관리

1. 구매관리
2. 검수관리

Chapter
04.

식재료 구매 및 검수관리

학습 목표

1. 식재료 구매관리를 설명할 수 있다.
2. 구매관리자의 역할을 설명할 수 있다.
3. 올바른 검수방법과 검수 절차를 설명할 수 있다.

1. 구매관리

1. 식재료 구매의 의의

구매란 올바른 품질과 수량의 식재료를 적정한 가격과 시간에 올바른 공급자로부터 제품을 획득하는 관리활동이다. 외식기업은 고객에게 식사를 제공하기 위해서 필요한 시기에 최소한의 비용으로 최적의 식재료를 구입하여야 한다. 최적의 식재료는 고객에게 제공되는 메뉴의 품질을 유지할 수 있는 가장 근접한 품질의 식재료를 의미한다.

모든 외식기업은 최고의 품질 식재료를 통하여 최고의 메뉴를 제공하는 것이 외식기업의 목표이겠지만 여기서 말하는 최고의 품질은 기업에 따라 상대적인 의미를 지닌다. 즉 기업에 따라 고려하는 품질의 수준은 다르다는 것으로 외식기업의 업종과 업태에 따라 차이가 발생한다.

일반적으로 외식기업에서 사용하는 식재료의 관리는 계절, 물가의 변동, 유통구조의 변화, 국가의 경제상황, 변화하는 기후, COVID-19와 같은 감염병의 등장 등 다양한 요인에 따라 가격이 변하기 때문에 이를 관리한다는 것은 매우 어렵다. 따라서 구매관리자는 정기적으로 시장을 조사하며 구매 품목에 대한 특성을 파악하고 있어야 한다.

(1) 적절한 품질 구매

구매관리에서의 품질이란 구매할 식재료가 원래 용도로 사용하기에 적합한지에 따른 문제이다. 외식기업에서 의도한 사용 용도에 적합한 품질일수록 상품의 품질이 높다 할 수 있다. 전처리 단계에서의 표준수율을 준수할 수 있으면서 표준레시피에 따라 의도된 품질을 유지할 수 있는 수준의 식재료가 가장 적절한 품질의 식재료라고 할 수 있다.

구매관리자는 적절한 품질의 식재료의 품질이나 크기, 무게, 특이사항 등을 표준구매명세서에 세부적으로 기술하여야 한다.

(2) 적정량의 물품 구매

적정량의 물품 구매를 할 때는 적정재고량을 파악하는 것으로 시작한다. 외식기업의 메뉴 생산은 고객의 주문으로부터 시작하기 때문에 항상 적정량의 식재료를 준비하고 있어야 한다. 재고량이 너무 많으면 시간이 흐름에 따라 식재료의 부패와 손상 등의 품질저하를 초래하거나 보관 중에 도난, 절도 등의 가능성이 높아지기 때문에 원가상승의 원인으로 작용할 수 있다.

물론 반대의 경우에도 고객들에게 판매 기회를 잃어버리는 결과를 초래하여 매출 축소와 고객들의 불만 등의 단점을 가지고 있다. 뿐만 아니라 과다한 식재료 주문은 기업의 현금이 재고에 잠기게 하고 이자, 보험료, 임대료 등 창고 관리에 따른 원가 상승 요인이 발생하는 원인으로 작용한다.

따라서 구매관리에서 적정재고량의 결정은 매우 중요하다. 적정재고량의 파악은 예상판매량을 예측하는 것으로 시작한다. 예상판매량의 산출방법은 시계열방법과 인과형방법 등을 이용하여 예측할 수 있으며2장참조 적정재고량은 표준레시피와 표준수율을 토대로 예상판매량의 생산에 필요한 식재료량을 산출할 수 있다.

적정재고량을 파악하였다면 구매량을 결정할 수 있다. 구매량은 표준수율과 표준레시피를 활용하여 예상판매에 필요한 식재료의 양과 재고 식재료의 양을 가감하여 결정한다. 외식기업에서 사용하는 식재료는 전처리 단계를 거치고 고객의 주문에 의해서 조리가 시작되기 때문에 식재료의 특성상 전처리의 시간이 오래 걸리거나 보관이 용이한 식재료의 경우는 품질 유지가 가능하다는 전제로 효율적인 업무진행을 위해 구매량에 영향을 미치기도 한다. 또한 공급자의 배송주기를 검토하여 구매시점에서의 구매량을 결정한다. 따라서 구매관리자는 주방업무전처리, 조리, 저장등에 관한 사전 지식을 바탕으로 구매업무를 수행하여야 한다.

[예제]

냉장고에 보관 중인 전처리된 양파가 3kg, 표준레시피표3-2에 따라 볶음밥 1인분에 필요한 양파가 80g, 표준수율표3-3에 따라 양파의 표준수율이 84%일 경우 볶음밥 100인분을 판매하기 위하여 추가로 구매해야 하는 양파의 양은 얼마일까?

[풀이]

① 적정재고량 산출

예상판매수량이 100인분이기 때문에 100인분에 필요한 손질된 양파의 양은

손질된 양파양(100인분) = 100인분 × 80g = 8,000g이다.

② 재고수량을 고려한 필요량 산출

구매량은 현재 3kg의 손질된 양파를 고려하여 5kg의 손질된 양파가 필요함

③ 표준수율을 고려한 구매량 산출

표준수율 84%를 감안하여 5kg의 손질된 양파를 얻기 위해서는

양파 구매량 $= 5\text{kg} \times \frac{100\%}{84\%} = 5.952\text{kg}$을 구매하면 된다.

볶음밥 100인분에 필요한 손질한 양파는 8kg이고 3kg의 손질된 양파가 재고로 보관 중이기 때문에 추가로 5kg의 손질된 양파가 필요한다.

5kg의 손질된 양파를 얻기 위해서는 손질되지 않은 피양파 5.952kg을 구매하여 손질하면 5kg(84%)의 손질된 양파와 0.952kg(16%)의 껍데기, 양파심 등 메뉴에 사용되지 못하는 부위로 나뉜다.

(3) 구매의 적정량 산출이 영향을 주는 기타 요소들

외식기업의 구매관리에는 적정재고량 외에도 구매량에 영향을 주는 다양한 요소가 존재한다. 따라서 구매관리자는 다음의 요소들을 검토하여 구매량을 결정하여야 한다.

- 공급업체의 공급주기와 공급량
- 주문부터 입고까지의 소요 시간
- 저장기간
- 업장의 저장고의 규모
- 시장의 경제상황에 따른 공급량과 가격변동성
- 다량 주문 시 할인 가능성

2. 구매관리자의 역할

구매관리자는 발주 업무를 담당하는 단순한 주문자가 아니라, 구매과정을 전반적으로 관리하여야 한다. 유능한 구매관리자는 구매된 식재료의 전처리과정, 저장과정, 조리과정, 서비스과정 등에 관한 기업의 정보와 식재료의 특성을 잘 파악하여 효과적인 식재료 관리로 원가를 절감할 수 있어야 한다. 또한 새로운 식재료의 활용방안, 외식 트렌드를 고려한 메뉴개발, 효율적인 원가관리를 위한 식재료 관리자로서의 역할을 담당한다.

효과적인 구매관리를 위해 구매관리자는 다음의 업무능력을 가지고 있어야 한다.

- 식재료에 관한 일반적인 지식주산지, 원산지, 계절성, 시장경제상황을 가지고 있어야 한다.
- 표준구매명세서 작성 등을 통하여 기업에 필요한 식재료의 표준을 규정할 수 있어야 한다.
- 식재료의 특성에 관한 지식을 토대로 관리방안을 파악하고 있어야 한다.
- 긴급상황이 발생하였을 경우 대응할 수 있는 능력을 가지고 있어야 한다.
- 다양한 구매 방법의 장단점을 파악하고 창의적인 구매관리로 원가절감의 방법을 제안할 수 있어야 한다.

3. 공급자 선정

구매관리자는 공급자를 선정하여 품질기준, 가격, 납품시기, 결재조건 등을 합의해야 한다. 공급자를 선정할 때는 구매할 품목에 대한 외식기업의 표준구매명세서에 명시되어 있는 품질기준, 가격, 특이사항 등을 지속적으로 제공할 수 있는지를 고려해야 한다.

일반적으로는 공급자의 선정은 연간 또는 반기별로 결정하는 경우가 많다. 공개입찰 등의 방법으로 공급계약이 성립되었다고 하더라도 외식기업의 표준구매명서를 전제한 식재료의 품질과 가격, 특이사항, 반품조건 등을 계약 조건으로 정한다.

구매관리자는 공급자의 선정 후에도 공급자가 지속적으로 계약조건에 따라 식재료를 공급하는지 관리하여야 하며 시장조사를 통하여 가격의 변화, 식재료의 변화추이 등을 관찰하여 원가절감 방안을 모색하여야 한다.

공급자 선정 시에 고려하여야 할 사항은 다음과 같다.

- 표준구매명세서에 명시된 품질의 식재료를 적절하게 공급할 수 있어야 한다.
- 적정한 가격과 품질을 지속적으로 유지할 수 있어야 한다.
- 위생적인 관리와 합법적인 경영방침이 규정되어야 한다.
- 공급 담당자의 식재료에 관한 지식이 풍부하여야 한다.
- 불량품, 배송 실수에 대해서 인정하고 추가배송 등을 해결할 수 있는 능력이 있어야 한다.

2. 검수관리

1. 검수관리의 개요

검수는 주문에 따라 입고된 식재료가 표준구매명세서의 품질과 주문량, 가격 등을 준수하고 있는지 확인하는 활동이다. 검수 절차를 거쳐 사업장으로 입고된 식재료의 책임은 사업장에 있기 때문에 입고 전 품질과 수량, 가격을 정확하게 확인하여 기준에 맞지 않는 식재료는 계약상의 방법으로 반품하여 품질이 낮은 식재료로 인한 불이익을 사전에 방지하여야 원가관리의 목적을 달성할 수 있다.

검수는 계약된 물품이 정확한 가격에 주문된 내용과 수량, 규격, 용량 등으로 식재료가 일치되는가에서 시작하기 때문에 검수 담당자들은 무엇보다 주문한 상품에 대한 품질 요구사항을 숙지하여야 하며 배달된 식재료의 품질이나 수량, 구매명세서, 가격 등 표준으로 하는 요소들을 정확하게 평가하여야 한다.

2. 검수 절차

검수는 일반적으로 구매 발주서와 식재료의 실제 양과 품질, 공급자의 거래내역서납품서의 내용이 일치되는지를 확인하여야 한다.

검수는 구매 발주서와 공급자의 거래내역서의 대조로 시작한다. 입고된 식재료의 양과 품질, 규격, 가격 등을 대조하여 일치하는지 확인하는 단계이다. 발주 시에 공급자와의 의사소통에서 착오가 발생하면 수량과 가격, 규격 차이에 따른 품질에 문제가 발생할 수 있기 때문에 꼼꼼히 확인하여야 한다.

검수의 다음 단계는 거래내역서와 실제 입고된 식재료의 품질, 입고량을 확인하는 작업이다. 이 단계에서 검수담당자는 식재료에 대한 전반적인 지식과 표준구매명세서와 표준수율 등의 사전 정보를 가지고 있어야 한다. 단순하게 입고된 양만 파악하게 된다면 품질 차이로 인하여 수율의 차이가 발생할 수 있고 최종적으로 생산되는 메뉴의 품질에도 문제가 될 수 있다. 따라서 검수담당자는 정확한 검수를 통하여 품질 기준을 통과한 식재료와 그렇지 못한 식재료로 나눌 수 있어야 하며 반품되는 식재료에 대한 최종 입고까지 확인하여야 한다.

검수의 마지막은 검수에 통과한 식재료의 품질유지가 될 수 있는 창고로 이동하여 저장하는 것이다. 검수과정과 검수 후에 상온에 방치되는 식재료의 품질은 빠르게 변질될 수 있으므로 검수는 물건이 입고되는 순간 빠르게 진행되어야 하며 검수가 마무리된 식재료는 냉장, 냉동 등 위생적으로 식재료를 저장할 수 있는 공간으로 이동하여야 한다.

3. 검수 방법

입고된 식재료에 대한 검수는 빠르게 진행되어야 식재료의 품질 변화를 사전에 예방할 수 있다. 외식기업에 입고되는 식재료는 매우 다양하여 모든 식재료를 일일이 검수하는 것은 시간과 비용적으로 낭비를 초래할 수 있다. 식재료의 특성을 알고 그에 맞는 검수 방법을 사용한다면 빠르고 정확한 검수가 진행될 수 있을 것이다.

① **전수 검사법** : 전수 검사법은 납품된 모든 식재료를 일일이 하나씩 검수하는 방법이다. 식재료가 소량이거나 고가품, 희귀물품, 환경에 따라 민감한 품질의 변화를 가

지고 있는 식재료의 경우에 사용된다. 물품의 전부를 검수하기 때문에 시간과 비용이 많이 들어가지만 잘못된 검수로 인해 발생할 수 있는 원가 상승에 미치는 영향이 크기 때문에 검수 시에 정확한 확인이 필요하다.

② **발췌 검수법** : 발췌 검수법은 입고되는 전체 식재료 중에서 몇 개의 샘플을 발췌하여 검수하는 방법을 말한다. 원가 면에서 중요도가 낮거나 품질 변화에 민감하지 않은 식재료의 경우 시간과 비용을 절감할 수 있는 장점이 있다. 다만 발췌에서 제외된 식재료의 품질 평가에 대한 책임이 따른다.

4. 검수관리활동에 필요한 환경

검수 담당자는 검수 시에 표준구매명세서의 각 식재료에서 요구되는 품질, 특이 사항에 대한 정보를 통하여 검수활동을 진행하여야 한다. 또한 표준수율에 준하는 수율을 얻을 수 있는 품질을 유지하고 있는지 살펴보아야 한다.

검수관리를 위해서는 반드시 정확한 계량도구가 필요하다. 검수관리에 가장 기본적으로 필요한 계량도구인 저울과 온도계를 갖추어야 하며 좀 더 정밀한 검수가 필요한 경우 당도계, 산도계 등의 도구가 필요하다. 저울은 기본적으로 입고되는 식재료의 중량을 확인하기 위해서 사용되기 때문에 입고되는 식재료의 입고량과 단위에 따라 측정된 용량을 확인하여야 하며 온도계의 경우 사물의 외부 온도를 측정할 수 있는 적외선 온도계와 내부 온도를 측정할 수 있는 탐침형 온도계 모두를 갖추고 있어야 한다.

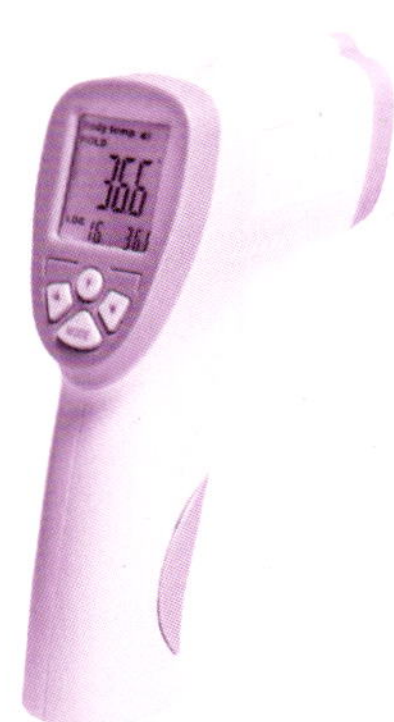

적외선 온도계

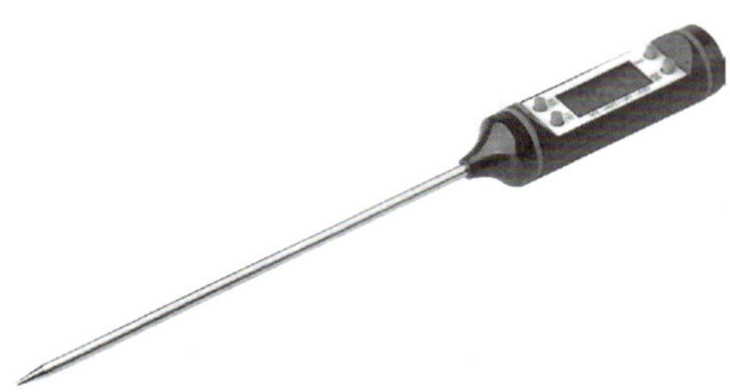

탐침형 온도계

다음으로 정확한 검수관리를 위해서는 위생적인 검수공간이 필요하다. 검수공간은 정확한 검수를 위해 밝은 조도540Lux 이상를 유지하고 입고된 식재료를 맨바닥에 놓지 않고, 교차오염이 발생되지 않도록 육류, 어류, 채소류, 공산품으로 구분하여 검수대 위에 올려놓고 검수하여야 한다.

5. 식재료별 검수 요령

입고되는 모든 식재료의 품질관리의 기본은 적정한 온도를 유지하여 입고되는지 냉동된 제품은 재냉동된 흔적이 없는지를 확인하는 것이다. 식재료는 품질의 변함을 외관, 질감, 냄새, 색감 등으로 확인할 수 있다.

표 4-1 식품유형에 따른 검수요령

유형	검수요령
냉장냉동 육류	이취 여부, 탄력, 색의 변색 여부를 확인한다. 표시사항과 유통기한을 확인한다. 냉기가 남아있는지 확인한다. 냉동식품은 냉동 상태를 계속 유지해야 한다. 냉장식품의 경우 식재 내부온도가 10℃ 이하여야 한다.
냉장냉동 해산물	이취 여부, 탄력, 색의 변색 여부를 확인한다. 비늘이 단단하며 머리가 붙어 있는 경우 눈동자가 튀어나오고 아가미 색이 붉은지 확인한다. 표시사항과 유통기한을 확인한다. 냉기가 남아있는지 확인한다. 냉동식품은 냉동 상태를 계속 유지해야 한다. 냉장식품의 경우 식재 내부온도가 10℃ 이하여야 한다.
채소류, 과일	이취 여부, 단단함, 색, 신선도를 확인한다. 종이박스는 제거하고 전용용기에 담는다. 일반적인 채소류는 상온으로 배달되나 전처리된 채소류의 경우 냉장 보관하여야 한다. 벌레나 기생충 알이 있는지 확인한다.
공산품	포장의 파손여부를 확인한다. 특히 통조림은 용기의 팽창, 찌그러짐, 파손 여부를 확인한다. 개봉 후 이취 여부, 색깔 및 고유 성상을 확인한다. 표시사항과 유통기한을 확인한다. 유제품 및 낱개로 포장된 제품은 종이박스로 냉장입고 가능하다. 해충이나 쥐에 의해 손상된 흔적이 있는지 확인한다.

(계속)

우유 및 유제품	이취 여부 / 색깔 및 고유성상 / 유통기한 확인 냉장상태에서 배달되는지 확인한다. 버터나 치즈의 경우 본연의 향이 나야하고 제품이 건조되었는지 확인한다.
난류	파손 여부를 확인한다. 깨뜨려서 내부온도를 측정했을 때 10℃ 미만이여야 한다. 이취 여부, 색깔, 깨뜨렸을 때 점성 등을 확인한다.

Check point

유통기한과 같은 의미로 사용되는 단어

① Best Before = BB = BBE(Best Before End Dates) = BE

② USE BY

③ Expire Date = EXP = EXPR

④ 常味基限(상미기한) : 일본식 표현

⑤ 此日期前最佳(차일기전최가) : 가장 유용하게 쓰일 수 있는 기한

⑥ 在此日期前食用(재차일기전식용) : 식용으로 쓰일 수 있는 기한

⑦ 18257 : 2018년의 257일째까지 먹을 수 있다는 뜻으로 9월 14일을 의미

예1) 아래의 표시는 2018년 9월 14일까지의 유통기한을 표시하고 있다.
EXP 140918
Best Before 140918
USE BY 140918
140918B

예2) 아래의 표시는 2018년 9월 14일에 제조했음을 표시하고 있다.
MFG 140918 : MFG는 제조일(Manufacturing)을 의미함
PROD DATE 180914 : PROD는 생산일(Produce)을 의미함
18 I 14 3 : 알파벳순서에서 I는 아홉번째 순서로 9월을 의미함
2018년 9월 14일이 제조일이며, 3은 생산된 기계번호를 의미함

2. 유통기한 표시를 생략해도 가능한 식품

- 식품첨가물 : 색소류, 바닐라엣센스, 유화제, 식소다
- 설탕, 아이스크림류, 빙과류, 껌류, 가공소금류, 제재
- 주류 (탁주, 약주는 제외)
- 5kg을 초과하는 식용얼음
- 내용물을 알아볼 수 있는 자연상태의 1차 농 · 축 · 수산물

예) 냉동오징어 / 건조 버섯류 / 세척 당근 / 계란 / 쌀

Check point

미트박스 · 카모아 · 콜라보살롱…소상공인 돕는 스타트업 뜬다

정보통신 기술(ICT)을 접목한 식재료의 직거래 플랫폼이 등장하여 자영업자를 돕고 있다. 식재료 직거래 플랫폼 '미트박스'는 복잡한 축산물 유통단계를 최소화하여 원가를 절감하는 방법을 제시하고 있다. '미트박스'를 이용하는 자영업자는 최대 30%의 비용을 절감하는 효과를 가지고 있다는 입소문을 타면서 지난 6월 260억원을 돌파하였다고 한다.

출처 : 한경(www.hanlyung.com) 2021.08.08. 내용 저자 재구성

식자재 비용관리 앱 '도도 카트' 인기

식자재 비용관리 앱 '도도 카트'가 출시 3개월 만에 누적거래액 200억원을 돌파하면서 매장포인트 관리시스템 '도도 포인트'에 이어 성공을 이루어냈다. 도도 카트는 복잡한 식자재 비용관리를 손안의 모바일로 간편하게 해결할 수 있어 요식업 운영 소상공인들 사이에 인기를 모아왔다. 식자재명세서를 등록하기만 하면 거래처와 주요 품목의 변화를 매월 리포트로 비교 분석해 알려주고, 복잡한 비용 검토와 결제 일정 관리도 대신해 주는 방식이다.

도도 카트는 지금까지 감으로 관리되었던 구매관리 업무에 효과적인 도움을 주고 있다. 거래명세서만 찍어서 올리면 자동으로 식자재 비용이 깔끔하게 장부로 정리되고 비용을 거래처, 품목별로 구분하여 정리 분석해 준다.

출처 : 데이터넷(http://www.datanet.co.kr) 2020.11.26. 내용 저자 재구성

연습문제

1. 구매관리에서 말하는 적절한 품질과 적정량에 대한 정의를 설명하시오.

2. 효과적인 구매활동을 위해 구매관리자가 가져야 하는 업무능력에 대해 설명하시오.

3. 공급자 선정 시 고려하여야 할 사항에 대해서 설명하시오.

4. 식재료별 검수 요령에 대해서 설명하시오.

Chapter 5

식재료 저장 및 재고관리

1. 저장관리
2. 재고관리

Chapter 05.

식재료 저장 및 재고관리

학습 목표

1. 저장관리의 개념을 이해하고 저장관리 시 필요한 시설에 대해 설명할 수 있다.
2. 식품별 저장관리하는 방법을 설명할 수 있다.
3. 재고자산의 가치평가 방법에 대해서 설명할 수 있다.
4. 적정재고수준을 정하고 준수할 수 있다.

1. 저장관리

1. 저장관리의 개념

저장관리란 검수 단계를 거쳐 입고된 식재료를 손실 없이 보관하여 원가의 손실이 발생되지 않도록 관리하는 것을 말한다. 식재료는 항상 변질, 부패 또는 오염될 수 있는 위험에 노출되어 있기 때문에 입고된 식재료의 영양가, 맛, 위생 등 식품 고유의 특성을 잘 고려하여 각 품목의 특성에 따라 건조창고, 냉장고, 냉동고 등으로 나누어 안전하게 저장하며, 생산과 판매에 지장이 없도록 적정 재고가 유지되기 위해서는 도난이나 부패를 방지하는 범위 내에서 능률적인 재고관리가 이루어져야 한다.

2. 저장관리 시 유의사항

식재료의 저장 시 발생할 수 있는 손실을 최소화하기 위하여 다음과 같은 내용을 유의하여야 한다.

첫째, 효과적인 저장관리를 위해서 물품은 항상 지정된 저장위치에 명확하게 위치하여야 한다. 식재료를 보관 중인 창고나 냉장고에 식재료의 위치를 나타내는 그림이나 물품별 카드를 비치하는 것이 좋다.

둘째, 모든 식재료는 명칭, 규격, 용도 및 기능별로 그 종류를 분류하여 저장하여야 하며 품질의 보존 차원에서 최적의 상태로 사용 가능하도록 저장해두어야 한다. 너무 오랜 기간 저장하게 되면 자연적인 파손, 변질 등으로 손실이 발생할 수 있으므로 저장기간을 단축할 수 있는 시스템을 도입하여 재고 자산의 회전율을 높여야 한다.

셋째, 저장공간을 효율적으로 활용할 수 있는 관리 시스템으로 이루어져야 한다. 이를 위해서 저장공간은 식재료의 사용 빈도에 맞추어 잘 배치되어야 한다. 어떤 것이 능률적인 재고관리인지 점검하여야 한다.

넷째, 손실을 방지하기 위해서는 적당한 저장 공간, 온도, 습도, 저장기간, 환기 및 철저한 위생적인 설비 시설이 필요하다. 따라서 저장관리자는 저장공간을 항상 깨끗하고 건조한 상태로 유지하여야 하고, 상품은 폐기 전에 사용될 수 있도록 관리하여야 하며, 적정온도를 유지하여야 한다.

3. 저장관리에 필요한 환경

(1) 냉장저장시설

대부분의 미생물은 5℃ 부근의 온도에서 성장을 시작하지만 몇몇 미생물은 냉장고 온도인 5℃보다 낮은 온도에서도 서서히 성장이 진행된다. 냉장저장시설의 온도를 수시로 확인하여 위험 온도 범위를 벗어난 온도로 유지되고 있는지를 점검하여야 한다. 냉장저장시설의 온도는 보관중인 식재료가 5℃ 미만으로 유지되어야 하므로 냉장저장시설의 내부 온도는 그것보다 낮게 설정해야 한다. 냉장저장시설은 온도관리가 중요하기 때문에 수시로 내부의 온도를 확인하여야 한다. 시설에 붙어 있는 온도계를 확인하는 방법도 있지만 온도센서 오작동 등이 발생하는 경우가 많기 때문에 직접 온도계를 이용하여 점검하는 것이 좋다.

냉장저장시설의 냉장 방식은 대부분은 냉각팬을 이용하여 찬공기를 순환시켜서 온도를 유지하는 방법이기 때문에 너무 많은 식품을 냉장저장고에 보관하게 되면 냉기의 순환을 방해하여 냉장저장시설의 효율이 낮게 된다. 냉장저장시설은 냉각팬을 막지 않도록 하고 용적률이 70% 정도로 보관하는 것이 좋으며 모든 식재료는 바닥으로부터 15cm를 이격하여 보관하여야 한다.

냉장저장시설의 문에는 보관하고 있는 식재료의 위치를 표시하는 그림을 붙여 두거나 콜드커튼을 설치하여 내부 온도가 높아지는 것을 방지한다.

냉장저장시설의 선반은 구분하여 사용하는 것이 좋다. 선반의 아랫 쪽은 난류, 해동식재, 어육류 등을 보관하여 낙수에 의해 다른 식재료가 오염되는 것을 방지하며 선반의 위쪽은 생채소, 과일, 바로 섭취 가능한 식재료 등을 보관한다.

(2) 냉동저장시설

냉동저장시설은 냉동식품을 －18℃ 이하로 보관하기 위한 시설로 냉동은 모든 미생물을 사멸시키지는 못하지만 증식속도를 급격히 감소시킬 수 있다. 하지만 냉동저장시설을 맹신하여 냉동제품의 유통기한 관리에 소홀해서는 안 된다. 또한 냉동저장시설의 온도계를 시설에 설치된 온도계와 내부에 추가로 부착하여 관리하는 것이 좋다.

냉동제품은 검수 즉시 냉동고에 저장하여야 한다. 냉동식품은 반드시 딱딱하게 완전히 냉동된 상태로 보관되어야 한다. 저장되어 있는 식재료를 사용을 위해 한 번 해동한 식품은 다시 얼려서는 안 된다. 재냉동을 하면 식품의 품질이 손상되고 해동된 식품은 미생물이 증식하기 더 좋은 상태가 된다. 또한 보관 중에 식재료의 수분이 손실되어 품질이 떨어지는 경우가 있으므로 비닐로 밀봉하여 보관하여야 한다.

(3) 건조저장시설

상온에서 보관 중인 식재료는 25℃ 미만의 온도에서 적정습도 50~60%를 유지하여야 하며 직사광선에 노출되는 것을 피하는 것이 좋다. 상온에 보관할 수 있는 식재료의 표시사항에 따른 온도 기준은 다음과 같다.

찬곳	상온	실온	미온
0℃~15℃	15℃~25℃	1℃~35℃	30℃~40℃

높은 온도와 더불어 높은 습도의 환경은 특히 상온 보관하는 분말 건조 식재료에 곰팡이 등의 미생물을 빠르게 증식시킬 수 있어서 관리가 필요하다. 따라서 여름철 분말 건조 식재료는 유통기한에 상관없이 개봉 후 5일 이내에 소비하는 것이 좋다. 5일 이상 보관 시에는 반드시 밀봉 또는 냉장 보관한다.

4. 식품별 저장관리

(1) 곡류

건조하면서도 서늘하고 통풍이 잘되는 위생적인 용기에 보관하여야 한다. 곰팡이가 피어 있거나 색깔이 변한 곡류는 식용으로 사용해서는 안 된다. 습도가 낮은 저장시설을 이용하여 보관한다.

(2) 채소류

채소류는 반드시 물기를 제거한 후 포장지로 싸서 냉장 보관하여야 한다. 씻은 채소와 씻지 않은 채소가 섞이지 않도록 분리 보관하여야 한다. 3℃ 이하의 냉장 보관에는 채소가 냉해를 입을 수 있기 때문에 냉장 보관 시에는 주의하여야 한다. 대부분의 채소는 냉장 보관할 수 있으나 모든 채소나 과일이 냉장 온도에 저장할 수 있는 것은 아니다. 배, 토마토, 바나나, 아보카도는 상온에서 숙성되고, 늙은 호박, 가지, 양파, 감자는 껍질을 제거하지 않은 상태로 서늘하고 건조한 곳에 보관한다.

분류	품명	보관온도(℃)	보관기간	비고
채소류	잎채류	4℃~6℃	1일	채소를 씻은 상태
		15℃~26℃	3일	채소를 씻지 않은 상태
	근채류	4℃~6℃	2일	
		15℃~25℃	3개월	무 : 보관일 7일
	과채류	7℃~10℃	5일	
		15℃~25℃	3일	
	감자류, 뿌리채소류	20℃	7~30일	씻지 않은 상태

(3) 조미료류

모든 조미료류는 15~25℃에서 보관하고 유리제, 합성수지제 용기에 넣어 직사광선을 피해 서늘한 곳에 보관하여야 한다. 공산품 장류를 사용할 경우 유통기한 및 보존 방법에 유의하여야 한다. 식초는 신맛 성분이 손실되지 않도록 사용한 후 마개를 꼭 막는다. 사용할 때에는 물 및 기타 이물질이 들어가지 않도록 주의하여 사용하여야 한다.

분류	품명	보관온도(℃)	보관기간	비고
조미료류	간장	25℃(상온)	6개월(1년)	
	된장	25℃(상온)	1개월(6개월)	
	고추장	25℃(상온)	1개월(6개월)	
	고추가루	25℃(상온)	3개월(6개월)	서늘하고 통풍이 양호한 곳에 보관
	식초	25℃(상온)	1년(2년)	서늘하고 직사광선을 피해서 보관
양념류	향신료	25℃(상온)	(6개월)	건조저장 : 습도 50~60%
	겨자	25℃(상온)	(2~6개월)	
	소금	25℃(상온)	(무기한)	
	소스	25℃(상온)	(2년)	
감미료	설탕	25℃(상온)	(1년)	건조저장 : 습도 50~60%
	흑설탕	25℃(상온)	(1년)	
	시럽, 꿀	25℃(상온)	(1년)	

(4) 유지류

직사광선을 받지 않는 서늘한 곳에서 위생적인 용기에 넣어 보관하여야 한다. 보통 15~25℃에서 보관하며 생선과 같이 냄새가 많이 나는 식품과는 분리하여 보관하여야 한다.

(5) 육류

육류는 도살된 후부터 식용되기까지 모든 단계에서 냉장 또는 냉동상태로 보관한다. 육류를 3~4일 정도 저장하고자 할 때는 4℃ 이하에서 보관하도록 하고, 장기간 저장할 때에는 냉동보관한다. 육류 특히 다진 고기의 냉동 보관 시에는 밀폐되도록 포장하여 냉동화상을 방지하여야 한다. 육류 중 지육덩어리고기을 보관하는 경우 깨끗하고 소독된 갈고리에 걸어서 저장하거나 선반에 저장할 수 있다. 이때는 교차오염을 방지하기 위해 고기를 다른 음식 위에 놓지 않도록 한다.

(6) 어패류

생선은 내장을 제거하고 소금물로 깨끗이 씻어 물기를 제거한 다음 다른 식품과 분리하여 냉장보관한다. 생선에는 유해 미생물이 부착되어 있을 수도 있으므로 내장부분을 제거한 후 흐르는 물에 깨끗이 씻거나 가열 조리하고 생선포나 용도별로 커팅된 생선은 원래 포장상태로 저장하거나 비닐백 등으로 완전히 포장한다. 냉동 생선은 비닐 팩 등으로 완전히 포장하여 냉동상태를 유지할 수 있도록 저장한다.

조개류는 내용물만을 모아서 소금물로 깨끗이 씻은 후 냉장 · 냉동한다.

(7) 가금류

냉장상태의 가금류는 식품의 내부 온도가 5℃ 이하가 되도록 저장하고 냉동 상태의 가금류는 냉동상태를 유지하도록 저장되어야 한다. 원래 포장을 제거한 경우 공기접촉을 방지할 수 있도록 단단히 포장한다.

(8) 난류

달걀은 검수 즉시 냉장보관하여 일정한 온도와 습도를 유지해야 한다. 위생란은 이미 공장에서 세척과 소독을 거쳤으므로 저장 전 씻지 않는다. 날달걀의 표면에는 위해 미생물이 부착되어 있을 수 있으므로 가열 조리한다. 사용할 때까지 난류는 세워서 저장하고 즉시 필요한 만큼만 꺼내서 사용한다.

(9) 유제품

유제품은 5℃ 이하의 냉장상태로 보관하고 아이스크림, 프로즌 요거트 같은 냉동 유제품은 －14～－12℃ 로 보관한다. 조리를 위해 상온에 미리 내놓는 경우에도 2시간 이상 상온에 보관하지 않도록 한다.

(10) 기타 가공식품

통조림식품과 건조식품은 10～21℃의 상온에서 보관한다. 건조창고는 건조하게 유지하여 통조림에 녹이 슬지 않도록 하고 포장이 손상된 경우 폐기한다. 통조림제품은 사용하기 전에 깨끗한 행주로 닦은 후 개봉한다. 밀가루, 국수 등의 건조식품은 수분을 흡수하지 않도록 밀폐된 용기에 담아 저장하고 제품을 원래 포장에서 다른 용기로 옮겨 저장할 때는 반드시 내용물이 무엇인지 표기하여 이용 시 혼돈이 없도록 한다.

표 5-1 육류, 어패류 및 유제품의 보관

분류	품명	보관온도(℃)		보관기간		비고
		냉장	냉동	냉장	냉동	
육류	소고기	4℃	－12℃～－18℃	3일～5일	1개월～3개월	
	돼지고기	4℃	－12℃～－18℃	2일～3일	15일～1개월	
가금류	닭고기	4℃	－12℃～－18℃	2일～3일	15일～1개월	
생선류	생선류	4℃	－12℃～－18℃	1일～2일	15일～1개월	
패류	패류	4℃	－12℃～－18℃	1일～2일	15일～1개월	
기타 어육	두부류	4℃	－12℃～－18℃	1일～2일	15일～1개월	찬물에 담가 보관
	달걀	4℃	－12℃～－18℃	1주～2주	15일～1개월	씻지 않고 냉장보관
	어묵	4℃	－12℃～－18℃	2일～5주	15일～1개월	냉장상태로 보관

(계속)

유제품류	우유	10℃	(약7일)	미개봉
	버터	10℃	(6개월)	가염품, 미개봉
	치즈	5℃	(6~12개월)	미개봉
	무연당연유	15℃~21℃	(1년)	건조저장(50~60%)
	분유	15℃~21℃	(6~9개월)	
기타	베이킹파우더	15℃~21℃	(8~12개월)	
	옥수수녹말	15℃~21℃	(2년~3년)	
	이스트	15℃~21℃	(18개월)	

2. 재고관리

1. 재고관리 개념

외식기업에서 재고관리는 불확실한 고객의 수요를 항상 만족시키기 위해 필요한 식재료를 적절히 보관하는 것을 관리하는 것이다. 적절한 재고관리가 이루어지지 못하여 식재료의 재고가 부족한 경우에는 고객이 원하는 메뉴를 생산할 식재료가 부족하여 판매의 기회를 상실해버리게 되고, 반대로 과다한 재고를 가지고 있으면 품질의 변화, 절도 등 원가상승의 원인으로 작용할 수 있다.

따라서 재고관리의 필요성은 다음과 같다.

첫째, 기간 중 사용한 식재료 비용을 정확하게 계산하기 위하여 재고관리의 필요성이 요구된다. 기간별 사용한 식재료비를 정확히 계산하려면 기초 재고량과 기말 재고량, 기간 중 매입량을 모두 파악하여야 한다. 여기서 기초 재고량이나 기말 재고량은 실제로 저장고에 있는 물품을 하나하나 조사실사재고조사법하거나 입고와 출고 시마다 계속 기록계속기록법하여 얻을 수 있다. 실사재고조사법의 경우 직원들의 노동력과 시간이 매우 많이 소요되는 조사방법으로 일반적으로 실사에 의한 재고조사법은 이용 가능한 재고를 파악하는데 월별 또는 분기별, 연말 등 회기가 끝나는 시점을 맞추어 실시하기도 한다.

총 식재료비 = 총 재고량(기초 재고량 + 당기 매입량) − 기말 재고량

둘째, 고객에게 판매기회를 상실하여 매출에 영향을 미칠 수 있으므로 적절한 재고량을 파악하여 구매에 활용할 수 있다. 메뉴를 생산하기 전단계인 전처리에 시간이 많이 소요되거나 발주부터 입고까지의 시간이 많이 소요되는 식재료의 재고관리나 빈번한 매입이 추가적인 비용이 발생되는 경우라면 필요한 양만큼의 재고를 가지고 기업을 운영하여야 할 것이다. 따라서 식재료의 재고관리는 가능한 가장 적당한 양을 보유하는 것이 좋고 상품의 기능에 대한 품질과 안전을 보호할 수 있는 저장 시설을 갖추어 관리하여야 한다. 일반적으로 외식기업에서의 재고관리에 대한 부분은 신선재료에 관한 관리보다는 저장재와 같이 오랫동안 저장해도 품질의 변화가 적은 식재료를 중심으로 관리에 사용된다.

2. 재고자산의 가치 평가 방법

식재료의 가격은 구매 시점에 따라 상이한 가격으로 입고된 제품으로 식재료의 재고자산의 가치를 평가하는 방법은 다음과 같다.

(1) 선입선출(FIFO: First In First Out)

선입선출법은 먼저 입고된 식재료가 먼저 사용된다는 개념으로 재고자산을 평가하는 방법이다. 먼저 입고된 수량의 전량이 사용될 때까지 그 식재료의 입고가격으로 원가를 적용하는 방식이다. 여러 단가의 재고품이 실제로는 어떤 순서로 사용되든, 장부상 먼저 입고된 것부터 순차적으로 사용되는 것으로 간주하여 원가를 결정하는 원가주의 평가방법이다.

(2) 후입선출법(LIFO: Last In First Out)

후입선출법은 나중에 입고된 것이 먼저 사용되는 방식으로 원가를 적용하는 방법이다. 제품이나 원재료 등 재고품을 사용할 때 구입 순서와는 반대로 나중에 사들인 것부터 사용한 것처럼 간주하여 원가를 계산하는 방법이다.

(3) 이동평균법

이동평균법은 입고되는 가격과 앞서 입고된 가격에 더하여 2로 나누어 얻어진 가치를 원가로 이용하는 방법이다. 매번 입고되는 수량과 금액을 전 재고자산과 가산하여 새로운 평균단가를 산정하며 이것에 의하여 원가로 계산하는 방법이다.

(4) 개별법

개별적으로 구매된 가격별로 재고를 구분하여 평가하는 방법으로 복잡하여 다양한 종류의 품목을 취급하는 과정에서의 적용은 불가능하다.

3. 재고회전율을 통한 적정재고 수준 평가

(1) 재고회전율 계산

재고회전율은 저장 중인 월간 소비량을 바탕으로 적정재고 수준을 평가하기 위하여 사용된다. 일반적으로 **재고자산의 회전율은 월간 사용원가를 월평균재고자산으로 나누어 계산한다.**

$$\text{재고회전율} = \text{기간 중 소비된 원가} \div \text{평균재고}$$

$$\text{기간 중 소비된 원가} = (\text{기초재고자산} - \text{기말재고자산}) + \text{기간 중 구매원가}$$

$$\text{평균재고 자산} = \frac{\text{기초재고자산} + \text{기말재고자산}}{2}$$

기업에서 재고자산은 고객에게 판매기회를 잃지 않는 수준으로 관리하는 것이 중요하다. 과다한 재고자산은 품질의 변질이나 재고비용이 추가적으로 발생할 수 있기 때문에 최소 재고를 유지하는 것이 필요하다.

다음의 사례로 적정재고 수준을 평가해보자.

〈사례〉

다음은 M 레스토랑의 매출액과 재고에 대한 월간 평균금액이다.

월초재고량 : 6,300,000원

월말재고량 : 5,200,000원

당월매입량 : 9,600,000원

① **기간 중 소비된 원가 = (기초 재고자산 – 기말 재고자산) + 기간 중 구매원가**

= (6,300,000원 – 5,200,000원) + 9,600,000원

= 10,700,000원

② **평균재고 자산** $= \dfrac{\textbf{기초 재고자산 + 기말 재고자산}}{2}$

$= \dfrac{6{,}300{,}000\text{원} + 5{,}200{,}000\text{원}}{2}$

= 5,750,000원

③ **재고회전율 = 기간 중 소비된 원가 ÷ 평균재고**

= 10,700,000원 ÷ 5,750,000원

= 1.86

재고회전율이 1.86이라는 것은 월평균재고자산 5,750,000원이 1.86배의 10,700,000원의 식재료 원가가 사용되었음을 의미한다.

또한 월 기간(30일)을 재고회전율로 나누면 재고 식재료를 이용하여 평균영업할 수 있는 기간을 계산할 수 있다.

30일 ÷ 1.86 = 16.1일

대략 16일가량 영업할 수 있는 식재료를 평균재고로 가지고 있었음을 의미한다.

즉 공급자의 배송주기가 16일보다 짧은 경우 재고수준을 더 적게 유지해야 적정재고량을 최소로 관리할 수 있다는 것을 의미한다.

Check point

"5일 전 산 버섯 먹어도 되나?…식재료 관리, 이거 하나면 끝"

누구나 한번쯤은 냉장고에 넣어두었던 식재료를 버린 경험이 있다. 아까운 마음에 그냥 먹을까도 고민해보지만 식중독, 배탈이라도 날까봐 걱정이 된다. 외식기업이라면 유통기한이 지난 식재료는 바로 폐기해야하지만 1차 농수산물의 경우는 기준이 애매모호하다.

이러한 수요를 반영하는 앱이 개발되어 사용되고 있다. 바로 '유통기한 언제지'라는 앱이다. 현대백화점 푸드코트 등 300여 개 업체에서 이 앱으로 식재료 재고를 관리한다. 마트에서 장을 본 후 받은 영수증 전체가 보이도록 사진을 찍으면 된다. 제품의 이름을 각각 촬영해도 되고 수동으로 직접 제품명과 유통기한을 입력할 수 있다. 예컨대 '바른 먹거리 두부'라는 제품명을 촬영하면 AI가 자동으로 두부로 인식하고 유통기한을 자동으로 입력한다. 유통기한이 임박한 식재료가 있으면 알려주는 기능도 있다.

1차 농수산물의 경우 유통기한을 분석하여 관리DB도 만들어 활용한다. 예를들면 대파 사진을 찍으면 AI가 대파로 인식하고 4~7일간이라는 평균 유통기한을 적용해서 자동으로 입력하는 방법이다.

출처 : 중앙일보(www.newsjoins..com) 2021.8.11. 내용 저자 재구성

연습문제

1. 식재료 저장 시 유의 사항에 대해서 설명하시오.

2. 식재료 저장관리를 위해 필요한 시설에 대해서 설명하시오.

3. 식재료의 재고관리의 목적에 대해서 설명하시오.

Chapter 6

메뉴생산 및 서비스관리

1. 메뉴의 생산계획
2. 식재료 전처리과정
3. 메뉴 생산관리
4. 서비스관리

Chapter 06.

메뉴생산 및 서비스관리

학습 목표

1. 메뉴의 생산량을 계획할 수 있다.
2. 식재료 전처리 과정에서의 원가상승의 원인을 설명할 수 있다.
3. 메뉴생산 시 발생할 수 있는 원가상승의 원인을 설명할 수 있다.
4. 서비스 과정에서 발생할 수 있는 원가상승 원인을 알고 예방할 수 있다.

1. 메뉴의 생산계획

외식기업의 메뉴생산은 식재료의 전처리과정, 고객의 주문에 따른 메뉴조리, 판매하고 남은 식재료 또는 전처리된 식재료를 저장하는 업무로 이루어지고, 이를 고객에게 전달서비스하여야 한다.

메뉴의 생산계획이란 과거의 판매기록을 바탕으로 메뉴별 판매량을 예측하는 것을 의미한다. 예상 판매량의 예측은 식재료의 구매, 전처리를 통한 식재료의 준비, 인력배치, 생산에 사용되는 도구 및 장비의 활용 여부를 판단하기 위해서 필요하다.

메뉴의 생산량을 예측하는 경우 계절, 날씨, 지역사회의 특별 이벤트 등의 유사한 요소 등을 고려하여야 한다. 요즘은 전산화 시스템을 통하여 생산량의 예측을 쉽게 추정할 수 있다. 또한 예상 메뉴생산량은 프로모션 등 기업의 마케팅적 요인이나 목표매출에 따른 목표 메뉴생산량의 조정, 재고소진 등의 목적이 예상 메뉴생산계획에 영향을 미칠 수도 있다. 메뉴 생산관리를 위한 메뉴생산량 예측은 제2장 예산 수립을 통하여 학습하기 바란다.

매출 예측이나 메뉴 생산 계획에서 메뉴별판매량에 대한 예측의 실수는 식재료 재고를 추가로 남기게 되고 식재료의 재고는 품질 저하나 변질 등으로 원가상승의 원인으로 작용한다. 따라서 고객의 선호도와 추세 등을 잘 고려하여 메뉴생산계획을 수립하여야 한다. 고객에게 선택받지 못하는 메뉴는 메뉴 구성에서 빨리 제외시키거나 개선 방법을 모색하여 원가관리에 도움이 되어야 한다.

2. 식재료 전처리과정

식재료의 전처리과정은 입고된 식재료를 메뉴생산에 사용될 수 있도록 손질하는 것을 말한다. 가식부위와 비가식부위로 나누어 메뉴생산에 필요한 식재료를 준비하는 과정이다. 식재료의 전처리과정에서는 표준수율에 준하는 생산량을 생산할 수 있도록 하여야 한다. 물론 공산품을 제외한 1차 농수산물의 경우 품질의 변화가 많아 생산량 즉 수율을 준수하는 것이 어려운 일이지만 최대한 메뉴생산에 품질 유지가 가능한 수준의 식재료를 준비하고 수율 또한 준수할 수 있는 방안을 제시하고 종사원들이 지킬 수 있도록 교육하여야 한다.

불규칙한 품질의 변화로 수율이 준수되지 않는다면 원가를 합리적으로 관리할 수 있도록 표준수율을 조정하여야 한다. 계절적 영향이나 날씨 등의 영향을 많이 받는 식재료는 표준수율에 대한 조정을 주기적으로 조정함으로써 합리적인 원가관리가 지켜질 수 있다.

동일한 조건하에서도 미숙련된 종사원의 실수로 과도한 손질과 부산물이 발생하거나 지나치게 많은 쓰레기가 발생하는 경우라면 원가관리자는 매장의 쓰레기통을 주기적으로 확인해 보아야 한다. 특히 식재료의 전처리 과정을 신입직원이 담당하는 경우가 많기 때문에 원가관리자는 잘 감시하고 미숙한 부분에 대한 교육, 훈련을 실시하여야 한다.

전처리에 숙련된 종사원의 채용이 쉽지 않거나 기존의 숙련된 종사원의 비중이 높아 인건비에 대한 부담이 있는 경우에는 미리 손질된 편의식품 등을 구매하여 사용하게 되면 표준수율과 인건비 관리에 도움이 될 수 있다. 편의식품을 사용하는 것은 원가상승의 원인으로 작용하기는 하지만 외식기업의 업종과 업태와 인건비 비중으로 고려하여 사용량을 결정할 수 있다.

손질을 마친 식재료는 원재료에 비해 부패와 변질의 속도가 빠르기 때문에 전처리된 식재료는 올바른 보관방법에 따라 저장 · 관리되어야 한다. 따라서 식재료의 전처리과정은 업무의 효율성을 고려하면서 여러 차례 나누어 진행하는 것이 원가관리에는 도움이 될 수 있다. 다만 이런 경우 업무진행의 효율성이 떨어지기 때문에 종사원의 노동시간이 증가하거나 노동강도가 높게 생각되기 때문에 인건비 상승의 원인으로 작용한다.

3. 메뉴생산관리

메뉴생산관리는 고객의 주문에 따라 전처리된 식재료를 조리하여 메뉴를 생산하는 것이다. 원가관리를 위한 올바른 메뉴생산의 기본은 조리 종사원이 표준레시피를 준수하여 외식기업의 품질기준을 유지할 수 있어야 한다.

메뉴생산과정에서 원가 상승의 원인으로 나타날 수 있는 것은 매우 다양하다.

첫째, 조리업무에 참여하는 종사원이 표준레시피를 숙지하지 못하는 경우 발생한다. 조리업무에 참여하는 종사자는 표준레시피에서 정한 식재료의 투입량을 정확하게 숙지하여 조리에 임하여야 한다. 간혹 오래된 숙련 직원들 중에서도 표준레시피를 무시하고 본인의 방법으로 조리하는 경우가 있는데 이런 경우 종사원들이 사용하는 식재료 양을 관리할 수 없기 때문에 원가관리에 어려움을 겪게 된다. 만약 기업에서 정한 표준레시피를 준수하여 조리하였는데도 불구하고 메뉴의 품질이 고객들의 기대에 미치지 못하거나 잘못된 방법으로 작성되어 있다면 표준레시피의 수정이 필요하다.

원가관리자는 먼저 품질이 저하되는 이유를 기존의 레시피의 오류, 도구나 장비의 차이, 조리사의 실수, 식재료의 변화 등 다양한 요인을 검토하여 메뉴의 품질을 유지할 수 있도록 표준레시피를 개선, 조정한다.

둘째, 생산 과정에 발생할 수 있는 원가상승의 원인은 조리 종사원이 표준레시피를 잘 숙지하고 있지만 조리에 투입되는 양에 대한 정확성이 없다면 메뉴의 품질과 합리적인 원가관리를 운영할 수 없다. 예를 들어 볶음밥의 표준레시피에 양파가 10g 투입된다는 것은 알지만 실제로 10g이 어느 정도인지 정확하게 모르고 감으로 투입량을 결정하여 10g보다 더 투입되거나 반대의 경우가 발생하는 것을 말한다. 정확한 양을 지키기 위해 저울 등을 이용하여 측정하거나 지속적인 훈련을 통하여 정확한 양을 투입할 수 있게 종사원을 숙련시킬 수는 있겠지만 이는 매우 어려운 일이다. 포션백 등을 이용하여 1인분에 들어가는 양을 미리 저울로 측정하여 소분하는 방법을 사용하거나 조리 시 사용하는 도구인 국자, 집게, 그릇 등을 이용하여 1인분의 양을 측정하지 않더라도 정확한 양이 빠르게 투입될 수 있는 방법을 개발하여 활용하는 것이 필요하다.

셋째, 표준레시피를 준수했음에도 불구하고 메뉴의 품질에 문제가 발생하여 판매할 수 없거나 고객들의 컴플레인 등으로 매출로 잡히지 않는 경우가 있다. 이런 경우 매출이 발생되지 않고 식재료를 사용되게 됨으로써 원가상승의 원인이 된다. 이런 경우 대부분이 직원들의 조리 능력의 차이에 따른 품질저하를 의심할 수 있다. 따라서 직원들의 직무능력에 따른 직무배치가 메뉴의 품질관리에 매우 중요한 요인으로 작용한다는 것을 염두하여 직원들의 직무배치, 스케줄 등도 함께 관리하여야 한다.

넷째, 개발된 표준레시피의 사용이 어려운 경우 표준레시피를 준수하여 메뉴를 생산하는 것은 매우 어려운 일이다. 따라서 표준레시피는 조리종사원이 사용하기 편리하도록 단순하게 만들어야 하며 품질에 영향을 미치는 요소들에 대한 정확한 설명이 포함하도록 개발하고 표준레시피의 중요한 부분을 조리장에 부착하여 수시로 활용할 수 있도록 관리하여야 한다.

4. 서비스관리

일반적으로 외식기업에서의 서비스관리는 고객의 입장부터 시작된다. 고객의 입장과 동시에 환영의 인사, 자리 안내 등을 제공하고 고객들의 주문을 받아 메뉴를 생산하도록 주방에 주문내용과 고객의 요구사항을 알려야 한다. 주방은 고객의 주문에 따라 메뉴를 생산하고 생산된 메뉴를 고객에게 제공하고 식사 후 고객이 퇴장하면서 계산하는 과정으로 서비스가 마무리된다.

이 책에서는 일반적인 서비스 관리보다는 원가관리에 영향을 미칠 수 있는 요소를 중심으로 살펴보도록 하겠다.

서비스 과정 중에 발생할 수 있는 **원가상승의 원인**을 살펴보면 다음과 같다.

첫째, 서비스 직원은 고객이 좋은 경험을 즐길 수 있도록 상황에 따른 메뉴를 추천하여야 한다. 메뉴를 추천할 때 서비스 직원은 기업의 마케팅 목적을 이해하여 기업의 목적 달성을 위한 판매가 이루어질 수 있도록 노력하여야 한다. 예를 들어 진행 중인 프로모션에 대해서는 목적과 시행방법에 대해서 정확하게 숙지하여 성공적인 프로모션이 진행될 수 있도록 역할을 다해야 한다. 기업에서 프로모션을 기획하고 시행하는 경우 프로모션을 기획하고 운영하기 위해 추가적인 비용이 발생한다. 추가적인 비용과 목표하는 이익을 얻기 위해서는 성공적인 프로모션이 전제 조건이기 때문에 서비스 직원은 고객들에게 적극적으로 프로모션을 알리고 주문할 수 있도록 역할을 다해야 한다.

둘째, 고객의 주문을 주방에 알리는 과정에서 실수하게 되는 경우이다. 서비스 직원은 고객이 주문하는 메뉴에 대한 정확한 정보를 주방에 전달하여야 하며 고객의 요구사항에 대해서도 주방에 전달함으로써 고객의 만족도를 향상시켜야 한다. 만약 고객이 주문한 음식을 잘못 전달하게 된다면 고객은 서비스에 만족하지 못하고 주방에서는 고객이 주문한 메뉴를 새롭게 조리해야 하기 때문에 원가상승의 원인으로 작용한다. 서비스 직원은 고객의 주문을 다시 한번 고객에게 확인하여 이와 같은 실수를 줄일 수 있다.

셋째, 주문한 음식을 고객에게 제공할 때에는 메뉴의 특성에 맞게 따뜻한 메뉴는 따뜻하게, 차가운 메뉴는 차갑게 제공되어야 하며 메뉴의 모양을 고려하여 원래의 모양을 유지하여 조심스럽게 제공되어야 한다. 메뉴에 대한 고객들의 불만족은 매출에도 영향을 미치고 잘못된 품질의 메뉴제공은 새로운 메뉴를 다시 조리해야 하기 때문에 원가를 상승시키는 요인이 된다. 서비스 직원은 주방과의 원활한 커뮤니케이션으로 메뉴의 제공 순서와 제공 시간을 정확하게 알고 고객에게 제공할 수 있어야 한다.

넷째, 고객이 주문한 메뉴와 함께 제공되는 소스나 식전 빵, 밑반찬 등의 제공량을 정확하게 알고 제공하여야 한다. 소스류나 밑반찬의 경우 리필되는 경우까지 고려하여 고객의 만족스러운 경험을 전제로 버려지는 음식이 최소화될 수 있는 방법을 모색하여 실행하여야 한다.

고객에게 제공되는 모든 음식은 정확하게 정해진 그릇을 이용하여 제공되어야 한다. 1인분의 소스 그릇이 부족하여 2인분 분량의 그릇에 소스를 제공하게 되면 1인분의 양보다 많은 양의 소스를 제공해야 하고 고객 만족과는 상관없이 많은 쓰레기가 발생하게 될 것이다. 고객에게 제공되는 모든 메뉴는 표준화된 그릇과 컵 등을 이용하여 제공되어야 한다. 또한 표준량을 제공했음에도 불구하고 쓰레기가 계속 발생한다면 제공하는 표준량을 줄이는 방법으로 원가를 절감할 수도 있기 때문에 버려지는 쓰레기에 대한 관리가 필요하다.

다섯째, 발생할 수 있는 원가상승의 원인은 고객이 식사한 금액을 계산하는 과정에서 발생할 수 있다. 가끔 고객이 계산을 하지 않고 도망가는 경우도 있지만 가장 빈번하게 일어나는 원가상승의 원인은 계산 직원의 실수에서 발생한다. 계산 직원이 식사한 메뉴에 대한 계산을 할 때 단순 계산 착오나 고의로 계산을 조작하는 경우가 있다.

요즘은 POS를 이용한 업장이 늘어남에 따라 계산 상의 실수를 하는 경우는 많지 않지만 고객이 주문한 음식이 누락되거나 할인율에 대한 착오 등으로 매출이 누락되는 경우가 있고 직원의 사적 관계로 식사한 메뉴를 계산에서 누락시키거나 규정에 어긋나는 할인혜택을 제공하는 경우가 이에 해당한다. 이를 해결하기 위해서는 무료로 제공되는 식사, 할인쿠폰, 초대권 등의 감독을 철저하게 하고 메뉴 주문상의 실수나 주문 취소 등의 기록을 철저하게 감시하여야 한다.

연습문제

1. 식재료의 전처리과정에서 발생할 수 있는 원가상승의 원인을 나열하고 예방할 수 있는 방안을 제시하시오.

2. 메뉴생산이 발생할 수 있는 원가상승의 원인을 나열하고 예방방안을 제시하시오.

3. 메뉴의 서비스과정에서 발생할 수 있는 원가상승의 원인을 나열하고 예방방안을 제시하시오.

Chapter 7

표준원가계산과 차이분석

1. 표준원가와 실제원가의 정의
2. 표준원가와 실제원가의 산출
3. 표준원가와 실제원가의 활용

Chapter 07.

표준원가계산과 차이분석

학습 목표

1. 표준원가와 실제원가를 정의할 수 있다.
2. 표준원가와 실제원가를 산출하여 비교할 수 있다.
3. 발생된 원가차이를 분석하여 문제점을 도출하고 예방법을 제시할 수 있다.

1. 표준원가와 실제원가의 정의

표준원가는 사전에 원가계산에 의한 과학적인 방법을 통하여 책정된 원가로 외식기업에서 고려하는 표준구매명세서를 이용한 구매, 표준수율을 이용한 전처리, 표준레시피를 이용한 정상적인 메뉴 생산을 서비스 조건하에서 달성하여야 하는 원가이다. 즉 표준원가는 메뉴 생산을 위한 원가발생 과정에서 나타날 수 있는 비능률과 낭비요인을 제거하기 위해 사전에 설정된 목표원가의 성격을 가지고 있다.

1) **실제원가** : 실제 구매가격 및 실제 사용수량을 기준으로 제품의 원가를 계산하는 것을 실제원가계산이라 하며, 이러한 계산 방법을 사후 원가계산이라고도 한다. 식재료의 실제원가계산은 일 단위, 월 단위로 하며, 실제 재고조사를 통해 계산한다.

2) **표준원가** : 사전에 정해진 표준가격 및 표준사용량을 바탕으로 제품의 원가계산을 하는 것을 표준원가계산이라고 한다. 이는 미리 과학적인 방법에 의해 표준이 될 각 요소의 금액을 결정한 후 이 표준에 의하여 원가를 계산하는 것이다.

표준원가는 실제원가를 통제하기 위하여 산출되었으므로 사용된 비용의 정산을 통하여 계산된 실제원가를 표준원가와 비교함으로써 경영성과를 판단한다. 일반적으로 원가차이는 실제원가가 표준원가를 초과하는 경우와 미달하는 경우로 나누어 분석할 수 있다.

표준원가 > 실제원가 : 유리한 차이(favorable variance)
표준원가 < 실제원가 : 불리한 차이(unfavorable variance)

유리한 차이가 발생한 경우 표준원가보다 실제원가를 적게 발생하여 영업이익이 증가하고 불리한 차이가 발생한 경우에는 표준원가보다 더 많은 실제원가가 발생하여 영업이익이 줄어든 것을 의미한다.

그러나 유리한 차이가 반드시 불리한 차이에 비해 좋은 결과를 가지고 오는 것은 아니다. 예를 들어 고객에게 제공되는 메뉴의 품질을 일정하게 유지하는 상태에서 새로운 원가절감의 방법을 고안하여 유리한 차이가 발생한 것이라면 무관하겠지만 품질이 낮은 식재료를 이용하여 유리한 차이가 발생한 것이라면 고객들에게 제공된 표준되는 품질을 준수하지 않았다는 것을 의미하고 이런 경우 고객들의 이탈이 예상되기 때문이다.

따라서 표준원가와 차이가 발생하게 되면 유리한 차이이든 불리한 차이이든 그 원인을 규명하여야 하며 합리적이지 못한 방법에 의해 발생된 차이라고 한다면 보다 많은 이익이 일시적으로 발생하였더라도 기업으로써는 좋은 결과가 아니고 합리적인 원가절감을 통해 발생된 차이라고 한다면 목표예산의 수정, 표준도구들의 수정 등을 통해 기업을 효과적으로 운영하여야 한다.

2. 표준원가와 실제원가의 산출

1. 이상원가 산출

이상원가란 표준레시피 상의 원가로 이론상 달성 가능한 원가를 말한다. 즉 표준구매명세서에 의한 구매와 그에 따른 준수되는 표준수율과 표준레시피에 따라 메뉴를 생산할 때 발생하는 원가를 말한다. 무료로 제공되는 메뉴도 없고, 과도하게 준비해서 버려지는 식재료도 없고, 식재료의 도난 등 비정상적인 이유로 버려지는 식재료가 없는 이상적인 환경에서 메뉴의 판매 분석과 메뉴에 대한 원가이다.

기간별 외식기업 전체 메뉴에 대한 이상원가 산출은 메뉴별 판매량에 조리하는데 소요되는 이상적인 레시피의 원가를 곱하여 얻을 수 있다. 이 값을 전체 매출액메뉴별 판매량 * 각메뉴의 가격합계로 나누면 이상원가율이 된다.

[예제]

M 레스토랑 볶음밥의 레시피가 다음과 같고 월간 판매량이 100개라고 가정하면 다음과 같은 이상원가와 이상원가율을 구할 수 있다.

재료	필요량		수율	매입단위 (Kg)	매입단가 (원)
닭다리살	80	g	100%	1	13,300
새우살(탈각)	40	g	96%	2.3	33,500
피양파	80	g	84%	10	12,900
홍피망	6	g	74%	5	60,000
표고버섯	20	g	80%	1	8,000
식용유	6	g	100%	18	58,000
스팀밥	200	g	250%	20	65,000
볶음밥소스	30	g	100%	5	10,000
소금	1	g	100%	3	3,270
후추	1	g	100%	0.1	3,300

〈풀이〉

① M 레스토랑의 8,500원에 판매되는 볶음밥 1인분의 이상원가 산출

- 닭다리살은 1Kg당 13,300원에 입고되고 수율이 100%이기 때문에 80g의 닭다리살을 투입하면 (13,300원 ÷ 1,000) × 80g = 1,064원의 원가가 사용된다.
- 새우살은 2.3Kg당 33,500원에 입고되고 수율이 96%이기 때문에 40g의 새우살을 투입하기 위해서는 $40g \times \frac{100\%}{96\%} = 42g$의 새우살의 주문량이 필요하고 42g의 새우살은 (33,500원 ÷ 2,300) × 42g = 612원의 원가가 사용된다.

이러한 방법으로 전체 식재료의 원가를 구하면 다음과 같다.

재료	필요량		수율	주문량	매입단위 (Kg)	매입단가 (원)	Cost
닭다리살	80	g	100%	80	1	13,300	1,064
새우살(탈각)	40	g	96%	42	2.3	33,500	612
피양파	80	g	84%	95	10	12,900	123
홍피망	6	g	74%	8	5	60,000	96
표고버섯	20	g	80%	25	1	8,000	200
식용유	6	g	100%	6	18	58,000	19
스팀밥	200	g	250%	80	20	65,000	260
볶음밥소스	30	g	100%	30	5	10,000	60
소금	1	g	100%	1	3	3,270	1
후추	1	g	100%	1	0.1	3,300	33
합계							2,468

② 볶음밥의 이상원가율 산출

원가율 = 원가 ÷ 판매가격

= 2,468원 ÷ 8,500원 = 29.04%

③ 볶음밥이 100개 팔렸다고 가정 시 이상원가 산출

- 매출 : 8,500원 × 100개 = 850,000원의 매출 달성
- 이상원가 : 2,468원 × 100개 = 246,900원의 원가 사용

④ 볶음밥이 100개 팔린 경우 이상원가율 산출

이상원가율 = 이상원가 ÷ 판매가격

= 246,800원 ÷ 850,000원 = 29.04%

M 레스토랑이 식재료에 대한 손실이나 무료 제공되는 메뉴가 없다면 실제원가율은 29.04%가 될 것이라는 가정을 할 수 있다.

2. 표준원가율 산출

표준원가는 이론상 달성 가능한 이상적 원가에 불가피하게 발생하는 비용을 가감함으로써 구할 수 있다. 불가피하게 발생되는 비용이란 무료 제공되는 메뉴에 대한 원가, 품질관리를 위한 테이스팅 메뉴 원가, 직원 복지차원의 무료 식사제공 또는 가격할인을 통한 메뉴제공 등이 이에 포함된다.

다음의 사례를 통하여 표준원가와 표준원가율을 구해보자.

[예제]

M 레스토랑의 이상 원가가 2,468원 이상원가율 : 29.04%이고 이번달로 끝나는 프로모션 혜택으로 전체 매출 대비 1.5%의 무료제공 쿠폰이 회수와 직원 가격할인 혜택으로 매출 대비 1%가 사용될 것으로 예상되는 경우 표준원가를 구하시오.

[풀이]

이상원가율 29.04%　음식물 무료 제공 : 1.5%　직원혜택 : 1%

표준 식재료 원가율 산출 = 이상원가율 + 무료제공 + 직원혜택 등

= 29.04% + 1.5% + 1% = 31.54%

M 레스토랑은 기간 중 31.54%의 표준원가를 목표로 하여 원가율이 유지될 수 있도록 원가를 관리하여야 한다.

3. 실제원가율 산출

실제원가는 기간 중에 실제로 사용한 원가를 의미한다. 실제원가는 고객들의 주문에 의해 사용된 식재료, 과도한 식재료의 준비, 무료로 제공되는 메뉴의 원가, 도난 등으로 버려지는 식재료 비용까지 모두 포함한 금액을 의미한다.

기간 중 실제로 사용된 원가를 산출하기 위해서는 정확한 재고조사가 필요하다. 외식기업은 고객의 주문에 의해서 메뉴가 생산되기 때문에 판매를 위하여 사전에 식재료의 전처리 과정과 준비과정을 거치므로 매장에 저장되어 있는 식재료의 가치를 정확하게

알아야 정확한 실제원가를 계산할 수 있다. 일반적으로 외식기업의 실제 사용된 원가의 계산은 월 단위로 측정하는 경우가 많다. 하루 단위의 정산도 의미는 있겠지만 실제 사용한 원가를 계산하기 위해서 하루 단위로 재고조사를 한다는 것은 너무 비효율적이라 월 단위 영업성과를 보고서로 작성하는 경우가 많다.

다음의 사례를 통하여 월간 식재료원가와 원가율을 구해보자.

[예제]

M 레스토랑 볶음밥 판매가 8,500원　1인분 이상원가 : 2,468원
기간 중 100개의 볶음밥이 판매됨.
월초 재고량 : 450,000원　월말 재고량 : 350,000원　월중 구매량 : 178,050원
음식물 무료제공 : 매출액의 1.5%　직원혜택 매출액의 1%

[풀이]

① 실제원가 산출

실제원가 = 월초재고량 − 월말재고량 + 월중구매량

= 450,000원 − 350,000원 + 178,050원 = 278,050원

② 실제원가율 산출

실제원가율 = 실제원가 ÷ 매출액

= 278,050원 ÷ 850,000원

= 32.71%

M 레스토랑은 기간 중 850,000원의 매출을 발생하였고 실제 사용원가는 278,050원이고 매출 대비 실제원가율은 32.71%이다.

3. 표준원가와 실제원가의 활용

표준원가는 원가관리에 있어서 목표로 작용한다. 원가관리자는 합리적인 방법으로 작성된 표준레시피의 이상원가와 무료제공 메뉴, 직원복지를 위한 혜택 등을 포함하여 표준원가를 산출하고 해당 기간 동안 원가가 제대로 사용될 수 있도록 관리하고 사후에 해당 기간 동안 실제 사용된 실제원가를 산출하여 표준원가와 비교하여 원가관리의 성과를 측정할 수 있다.

적정한 표준원가는 목표원가로써 종업원들에게 목표를 보여주고 표준레시피, 표준구매명세서, 표준수율은 표준원가를 달성할 수 있도록 도와주는 도구의 역할을 한다. 종업원들은 목표를 달성하기 위하여 표준원가를 목표로 생각하고 실제원가를 관리하여야 한다.

목표원가로써의 표준원가는 달성가능한 목표를 제공함으로써 종사원에게 동기를 부여할 수 있다. 하지만 너무 높은 목표는 종사원을 지치게 하고 사기를 떨어뜨리며 높은 목표는 목표로써의 역할을 하지 못하기 때문에 합리적인 목표표준원가를 선정할 수 있어야 한다.

일반적으로 외식기업에서 사용하는 식재료는 가격과 품질이 유동적이기 때문에 통제가 불가능한 경우를 고려한 관리방안도 필요하다. 천재지변이나 병원성 바이러스 등의 영향으로 식재료의 가격이 상승되고 품질이 저하되는 경우가 발생할 수 있다. 이런 경우 원가관리자는 기업의 필요한 수익을 발생할 수 있는 새로운 목표표준를 만들고 공지함으로써 변화된 표준원가를 종사원들이 지키고 이를 통한 목표수익을 달성할 수 있도록 만들어야 한다.

반대의 경우도 마찬가지이다. 너무 낮은 목표설정이나 식재료 가격과 품질의 긍정적인 변화로 원가관리가 수월하게 진행되는 경우에도 새로운 목표표준를 세우고 종사원들이 지키게 함으로써 기업에게는 보다 좋은 수익을 가져다주고 이를 통한 고객만족도 이끌어 낼 수 있어야 한다.

통제 가능한 요인으로써의 표준원가와 실제원가간의 차이 발생 이유는 매출의 예측, 메뉴의 판매비율과 메뉴별판매량의 변화, 식재료 관리의 차이 등 다양한 요인으로 발생한다. 따라서 표준원가의 설정은 매우 과학적인 세심한 작업이 필요하며 특히 합리적인 목표를 설정해주어야 한다. 또한 식재료의 관리구매, 검수, 저장, 재고, 조리, 서비스 시에 표준도구표준구매명세서, 표준수율, 표준레시피를 잘 지킬 수 있도록 하며 표준의 수정이 필요한 경우에는 합리적인 방법으로 수정하여야 한다.

원가관리를 숫자놀이로 치부하고 경영자의 감에 의해 원가를 관리하는 것은 메뉴의 품질 변화를 동반할 수 있기 때문에 주의하여야 한다.

연습문제

1. 원가의 차이분석에서 유리한 차이가 발생한 경우 원가관리자로서 확인해야 할 사항에 대해서 설명하시오.

2. 원가관리자로서 현장에서 표준원가가 사용될 수 있는 사례를 알아보자.

Chapter 8

메뉴분석

1. 메뉴분석의 목적
2. 메뉴분석 방법

Chapter 08.

메뉴분석

학습 목표

1. 메뉴분석의 목적을 설명할 수 있다.
2. 다양한 메뉴분석 방법을 이용하여 메뉴판매 결과를 분석할 수 있다.
3. 메뉴분석 결과에 따른 메뉴 전략을 제시할 수 있다.

1. 메뉴분석의 목적

메뉴분석은 과거의 판매 기록으로 고객의 선호도와 원가관리, 그리고 이를 통한 효과적인 수익창출이 용이하도록 메뉴를 구성하고 메뉴 운영의 개선방법을 도출하여 효과적인 메뉴 운영을 가능하게 한다. 이는 고객의 수요, 메뉴의 수익성, 메뉴별 판매비율에 초점을 맞추어 메뉴의 운영결과를 분석하는 것으로 분석 결과에 따라 메뉴북에서의 위치 조정, 판매촉진 전략 수립 등에 활용된다.

외식기업은 고객에게 더 많은 판매를 하고, 수익이 높은 메뉴를 판매하고, 더 많은 이익을 얻을 수 있는 효과적인 메뉴 운영을 위해 메뉴 분석을 하게 된다.

2. 메뉴분석 방법

메뉴분석 방법은 여러 학자의 연구와 실무현장에서 개발한 다양한 방법들이 있지만 이 책에서는 대중적으로 많이 알려지고 실무에서 간단하게 사용할 수 있는 방법을 중심으로 살펴보도록 하겠다. 원가관리자는 자신의 영업환경과 규모, 분석의 목적을 고려하여 다양한 방법을 활용하여야 한다.

1. 밀러(Miller)의 방식

밀러의 메뉴분석 방식은 일정 기간 동안에 판매된 메뉴의 식재료 원가율와 판매된 수량, 즉 고객 선호도를 기준으로 상관관계를 나타내는 방식이다. 즉 평균 판매량보다 높거나 평균원가율보다 낮은 원가율을 가지고 있는 메뉴가 최상의 메뉴로 평가된다.

밀러의 분석 방식에 의하면 가장 좋은 메뉴는 낮은 식재료원가를 가지고 많은 고객들에게 판매되는 메뉴라 정의하고 있으며 판매 수량과 원가율만으로 평가하기 때문에 매출액이나 공헌이익을 나타낼 수 없다는 한계를 가지고 있다.

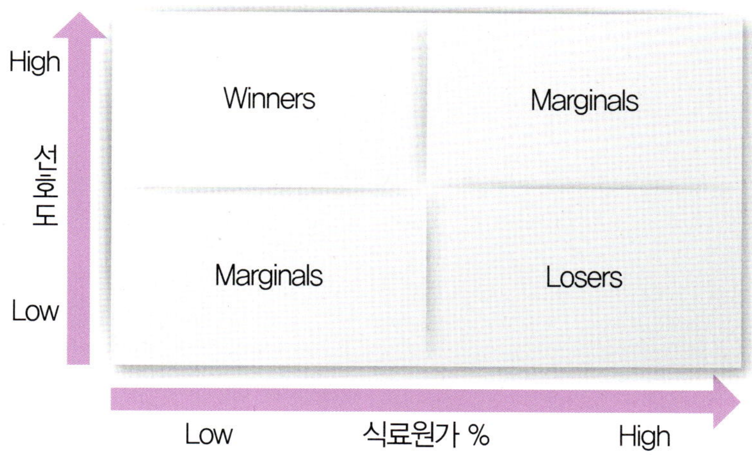

그림 8-1 밀러의 메뉴 분석

2. 카사바나와 스미스(Kasavana & Smith)의 메뉴분석 방식

카사바나와 스미스가 만든 메뉴분석 방식으로 메뉴 엔지니어링이라고 불리운다. 밀러의 방식과 다르게 공헌이익CM : Contribution Margin이라는 개념을 도입하여 공헌이익이 높고 고객의 선호도가 높은 메뉴가 좋은 메뉴라 정의하고 있다.

공헌이익이란 메뉴의 판매가격에서 변동비를 제외한 금액으로 전체 메뉴의 평균 공헌이익과 비교하여 높고 낮음을 판단한다.

공헌이익 = 판매가격 − 변동비

메뉴 엔지니어링은 사용자의 이해가 빠르고 편리하게 사용될 수 있으며 식음료영업장의 판매가격, 판매수량, 식재료의 원가를 바탕으로 정보를 분석할 수 있다는 장점을 가지고 있다. 다만 원가요소 중 노무원가와 기타 원가와 같은 재료원가 이외를 반영하지 못한다는 단점을 가지고 있다.

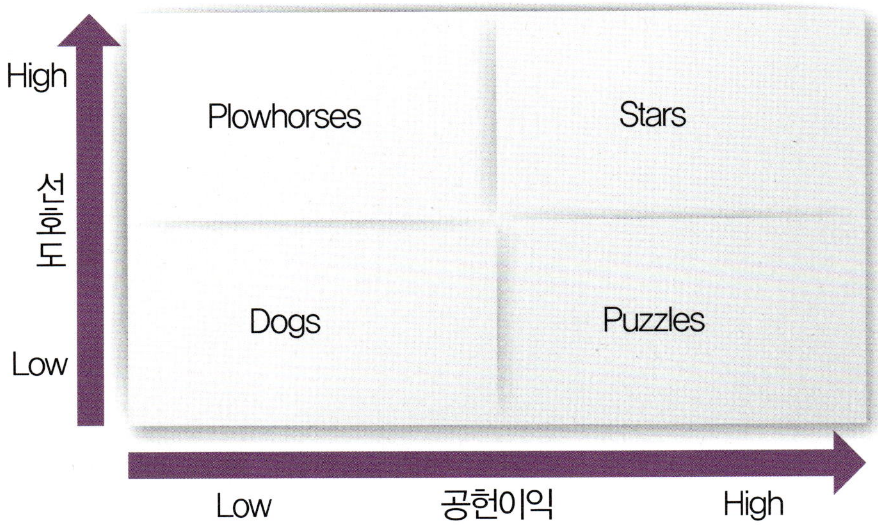

그림 8-2 카사바나와 스미스(Kasavana & Smith)의 메뉴 엔지니어링

메뉴분석 결과에 따른 개선전략은 다음과 같다.

① Stars : 고객의 선호도와 공헌이익이 모두 평균보다 높은 메뉴군이다.

- 현상을 잘 유지하기 위한 방안을 모색한다.
- 메뉴북에서 더 잘 보이는 위치로 변경하고 더 잘 판매되도록 한다.
- 가격의 탄력성을 고려하여 가격인상을 고려한다.
- 매장 내의 서비스 인력을 이용한 권유판매를 유도한다.

② Puzzles : 공헌이익은 높지만 고객들의 선호도가 좋지 않은 메뉴군이다. 공헌이익이 높기 때문에 많이 판매되는 것이 기업에 이익이 된다.

- 권유판매, 프로모션, 메뉴북에서의 위치 변경 등을 활용하여 고객의 시선을 집중시킨다.
- 새로운 식재료 등을 추가하여 메뉴명을 변경하는 등 새로운 메뉴로 개발한다.
- 판매가격을 조금 인하, 식재료를 추가한 메뉴 개선으로 고객의 관심을 유도한다.

③ Plowhorses : 공헌이익은 낮으나 고객들의 선호도가 높은 메뉴군이다. 기업에 대한공헌도가 떨어지기 때문에 공헌이익을 높일 수 있는 방안을 모색하여야 한다.

- 조심스러운 가격의 인상을 시도한다. 메뉴의 스타일링 등을 변경하는 방법을 사용하여 가격인상을 시도하는 것도 좋다.
- 메뉴북에서 잘 보이지 않는 곳으로 위치를 이동한다. 이 방법은 Plowhorses 메뉴군에게 영향을 주기보다는 다른 메뉴들이 눈에 띄는 곳에 위치할 수 있게 메뉴운영의 개선 효과를 준다.
- 분량의 감소나 사용하는 식재료의 변경을 통하여 공헌이익을 향상시킬 수 있는 방안을 모색한다.

④ Dogs : 공헌이익과 고객의 선호도가 모두 낮은 메뉴군이다.

- 메뉴를 삭제한다.
- 식재료, 구성요소, 스타일링 등의 변화를 통하여 메뉴를 개선하고 가격 인상을 고려하여 공헌이익을 향상시키는 방법을 모색한다.

〈M 레스토랑 ○○월 영업결과를 통한 메뉴 엔지니어링 분석하기〉

M 레스토랑 ○○월 영업결과

메뉴명	판매가	수량	원가
김치볶음밥	5,000	20	1,500
소고기볶음밥	5,000	10	2,200
해산물볶음밥	5,000	30	1,600
돼지고기 폭립	20,000	40	7,000

소고기 스테이크	28,000	10	12,000
케이준 치킨 샐러드	13,000	25	4,000
해산물 샐러드	13,000	10	4,000
돈까스	6,000	40	2,000
왕새우 구이	12,000	5	5,000
해산물 모듬 구이	32,000	10	10,000

① 메뉴 리스트를 작성한다.

② 메뉴별 판매 수량을 확인한다.

③ 메뉴판매비율을 계산한다.

(**메뉴판매비율 = 아이템별 판매수량 ÷ 전체 판매수량** × 100)

메뉴명	판매가	수량	원가	메뉴판매비율
김치볶음밥	5,000	20	1,500	10.00%
소고기볶음밥	5,000	10	2,200	5.00%
해산물볶음밥	5,000	30	1,600	15.00%
돼지고기 폭립	20,000	40	7,000	20.00%
소고기 스테이크	28,000	10	12,000	5.00%
케이준 치킨 샐러드	13,000	25	4,000	12.50%
해산물 샐러드	13,000	10	4,000	5.00%
돈까스	6,000	40	2,000	20.00%
왕새우 구이	12,000	5	5,000	2.50%
해산물 모듬 구이	32,000	10	10,000	5.00%
합계		200		

※ 김치볶음밥 메뉴판매비율 = (20 ÷ 200) × 100 = 10%

소고기볶음밥 메뉴판매비율 – (10 ÷ 200) × 100 = 5%

④ 메뉴 품목별 식재료 원가를 계산한다.

⑤ 공헌이익을 계산한다. (**공헌이익 = 판매가격 – 변동비**)

메뉴명	판매가	수량	원가	메뉴판매비율	공헌이익
김치볶음밥	5,000	20	1,500	10.00%	3,500
소고기볶음밥	5,000	10	2,200	5.00%	2,800
해산물볶음밥	5,000	30	1,600	15.00%	3,400
돼지고기 폭립	20,000	40	7,000	20.00%	13,000
소고기 스테이크	28,000	10	12,000	5.00%	16,000
케이준 치킨 샐러드	13,000	25	4,000	12.50%	9,000
해산물 샐러드	13,000	10	4,000	5.00%	9,000
돈까스	6,000	40	2,000	20.00%	4,000
왕새우 구이	12,000	5	5,000	2.50%	7,000
해산물 모듬 구이	32,000	10	10,000	5.00%	22,000
합계		200			

※ 김치볶음밥의 공헌이익 = 5,000원 − 1,500원 = 3,500원

소고기볶음밥의 공헌이익 = 5,000원 − 2,200원 = 2,800원

⑥ 전체 매출의 수익을 계산한다.

메뉴명	판매가	수량	원가	메뉴판매 비율	공헌이익	공헌이익 합계
김치볶음밥	5,000	20	1,500	10.00%	3,500	70,000
소고기볶음밥	5,000	10	2,200	5.00%	2,800	28,000
해산물볶음밥	5,000	30	1,600	15.00%	3,400	102,000
돼지고기 폭립	20,000	40	7,000	20.00%	13,000	520,000
소고기 스테이크	28,000	10	12,000	5.00%	16,000	160,000
케이준 치킨 샐러드	13,000	25	4,000	12.50%	9,000	225,000
해산물 샐러드	13,000	10	4,000	5.00%	9,000	90,000
돈까스	6,000	40	2,000	20.00%	4,000	160,000
왕새우 구이	12,000	5	5,000	2.50%	7,000	35,000
해산물 모듬 구이	32,000	10	10,000	5.00%	22,000	220,000
합계		200				1,610,000

※ 김치볶음밥의 공헌이익합계 = 3,500원 × 20개 = 70,000원

소고기볶음밥의 공헌이익합계= 2,800원 × 10개 = 28,000원

⑦ 전체 메뉴의 평균 공헌이익을 계산한다. (**평균 공헌이익 = 공헌이익의 합계 ÷ 판매 아이템수**)

평균공헌이익 = 1,610,000원 ÷ 200개 = 8,050원

⑧ 선호도의 평균을 구한다. (**선호도평균 = (1 ÷ 판매아이템수)** × 70%)

선호도평균 = (1 ÷ 10개) × 70% = 7%

※ M 레스토랑의 경우 10개의 메뉴로 동일한 조건에 판매하는 경우 모든 메뉴는 10%의 메뉴판매비율을 가져야 한다. 경험상 기대수치에 70% 이상을 판매할 경우 인기메뉴라고 가정한다.

⑨ 평균 공헌이익, 선호도를 기준으로 높음과 낮음을 결정하여 4개의 사면에 위치한다.

※ 선호도 비교

메뉴명	메뉴판매비율	비교	평균선호도	결과
김치볶음밥	10.00%	>	7%	High
소고기볶음밥	5.00%	<	7%	Low
해산물볶음밥	15.00%	>	7%	High
돼지고기 폭립	20.00%	>	7%	High
소고기 스테이크	5.00%	<	7%	Low
케이쥰 치킨 샐러드	12.50%	>	7%	High
해산물 샐러드	5.00%	<	7%	Low
돈까스	20.00%	>	7%	High
왕새우 구이	2.50%	<	7%	Low
해산물 모듬 구이	5.00%	<	7%	Low

※ 공헌이익 비교

메뉴명	공헌이익	비교	평균공헌이익	결과
김치볶음밥	3,500	<	8,050원	Low
소고기볶음밥	2,800	<	8,050원	Low
해산물볶음밥	3,400	<	8,050원	Low
돼지고기 폭립	13,000	>	8,050원	High
소고기 스테이크	16,000	>	8,050원	High
케이준 치킨 샐러드	9,000	>	8,050원	High
해산물 샐러드	9,000	>	8,050원	High
돈까스	4,000	<	8,050원	Low
왕새우 구이	7,000	<	8,050원	Low
해산물 모듬 구이	22,000	>	8,050원	High

⑩ 메뉴엔지니어링 분석결과

메뉴명	선호도	공헌이익	결과
김치볶음밥	High	Low	Plowhorses
소고기볶음밥	Low	Low	Dogs
해산물볶음밥	High	Low	Plowhorses
돼지고기 폭립	High	High	Stars
소고기 스테이크	Low	High	Puzzles
케이준 치킨 샐러드	High	High	Stars
해산물 샐러드	Low	High	Puzzles
돈까스	High	Low	Plowhorses
왕새우 구이	Low	Low	Dogs
해산물 모듬 구이	Low	High	Puzzles

3. Pavesic 방식

Kasavana & Smith의 방식을 보완한 것으로 식재료 원가율, 공헌이익, 판매량의 세가지 변수를 혼합한 방식이다. 판매량에 따라 낮은 식재료 원가율과 높은 공헌이익의 메뉴가 최상의 메뉴Primes로 분석되는 방법이다.

메뉴상의 모든 품목에 대해 원가, 선호도, 공헌이익의 관계를 2차원 좌표상에 표시할 수 있는 장점을 가지고 있으며 가중평균 공헌이익에 의해 아이템을 구분함으로써 식재료원가 이외의 원가에 대해 반영이 이루어지지 않는다는 단점을 가지고 있다.

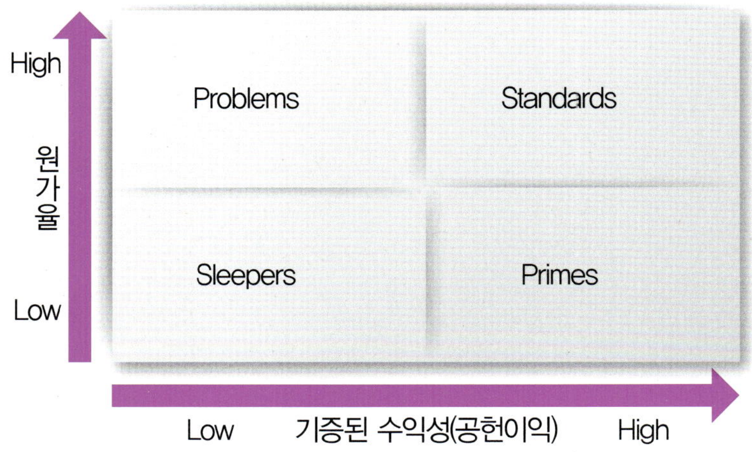

〈M 레스토랑 ○○월 영업결과를 통한 파베직의 CMA분석하기〉

M 레스토랑 ○○월 영업결과

메뉴명	판매가	수량	원가
김치볶음밥	5,000	20	1,500
소고기볶음밥	5,000	10	2,200
해산물볶음밥	5,000	30	1,600
돼지고기 폭립	20,000	40	7,000
소고기 스테이크	28,000	10	12,000
케이준 치킨 샐러드	13,000	25	4,000

해산물 샐러드	13,000	10	4,000
돈까스	6,000	40	2,000
왕새우 구이	12,000	5	5,000
해산물 모듬 구이	32,000	10	10,000

① 메뉴 품목별 식재료 원가를 계산한다.

메뉴명	판매가	수량	원가	원가율
김치볶음밥	5,000	20	1,500	30.00%
소고기볶음밥	5,000	10	2,200	44.00%
해산물볶음밥	5,000	30	1,600	32.00%
돼지고기 폭립	20,000	40	7,000	35.00%
소고기 스테이크	28,000	10	12,000	42.86%
케이쥰 치킨 샐러드	13,000	25	4,000	30.77%
해산물 샐러드	13,000	10	4,000	30.77%
돈까스	6,000	40	2,000	33.33%
왕새우 구이	12,000	5	5,000	41.67%
해산물 모듬 구이	32,000	10	10,000	31.25%

② 공헌이익과 가중된 공헌이익을 계산한다.

공헌이익 = 판매가격 − 변동비

가중된 공헌이익 = 공헌이익 × 판매량

메뉴명	판매가	수량	원가	공헌이익	가중된공헌이익
김치볶음밥	5,000	20	1,500	3,500	70,000원
소고기볶음밥	5,000	10	2,200	2,800	28,000원
해산물볶음밥	5,000	30	1,600	3,400	102,000원
돼지고기 폭립	20,000	40	7,000	13,000	520,000원
소고기 스테이크	28,000	10	12,000	16,000	160,000원
케이쥰 치킨 샐러드	13,000	25	4,000	9,000	225,000원
해산물 샐러드	13,000	10	4,000	9,000	90,000원
돈까스	6,000	40	2,000	4,000	160,000원

왕새우 구이	12,000	5	5,000	7,000	35,000원
해산물 모듬 구이	32,000	10	10,000	22,000	220,000원
합계					1,610,000원

※ 김치볶음밥의 공헌이익 = 5,000원 − 1,500원 = 3,500원

김치볶음밥의 가중된 공헌이익 = 3,500원 × 20개 = 70,000원

③ 전체 매출에서 식재료 원가가 차지하는 비율(평균식재료원가율)

전체식재료원가율 = 전체원가의 합계 ÷ 전체매출 × 100

메뉴명	판매가	수량	원가	전체원가	메뉴별전체매출
김치볶음밥	5,000	20	1,500	30,000	100,000
소고기볶음밥	5,000	10	2,200	22,000	50,000
해산물볶음밥	5,000	30	1,600	48,000	150,000
돼지고기 폭립	20,000	40	7,000	280,000	800,000
소고기 스테이크	28,000	10	12,000	120,000	280,000
케이준 치킨 샐러드	13,000	25	4,000	100,000	325,000
해산물 샐러드	13,000	10	4,000	40,000	130,000
돈까스	6,000	40	2,000	80,000	240,000
왕새우 구이	12,000	5	5,000	25,000	60,000
해산물 모듬 구이	32,000	10	10,000	100,000	320,000
합계				845,000	2,455,000

※ 전체식재료원가율= 845,000원 ÷ 2,455,000원 × 100 = 34.42%

④ 전체 메뉴의 가중된 평균 공헌이익을 계산한다.

(가중된 평균공헌이익 = 가중된 공헌이익의 합계 ÷ 판매 아이템수)

가중된 평균공헌이익 = 1,610,000원 ÷ 10개 = 161,000원

⑤ 평균 식재료 원가율, 가중된 평균공헌이익을 기준으로 높음과 낮음을 결정하여 4개의 사면에 위치한다.

※ 평균 식재료 원가율 비교

메뉴명	개별식재료원가율	비교	평균식재료원가율	결과
김치볶음밥	30.00%	<	34.42%	Low
소고기볶음밥	44.00%	>	34.42%	High
해산물볶음밥	32.00%	<	34.42%	Low
돼지고기 폭립	35.00%	>	34.42%	High
소고기 스테이크	42.86%	>	34.42%	High
케이쥰 치킨 샐러드	30.77%	<	34.42%	Low
해산물 샐러드	30.77%	<	34.42%	Low
돈까스	33.33%	<	34.42%	Low
왕새우 구이	41.67%	>	34.42%	High
해산물 모듬 구이	31.25%	<	34.42%	Low

※ 가중된 평균 공헌이익 비교

메뉴명	메뉴별 가중된공헌이익	비교	가중된 평균공헌이익	결과
김치볶음밥	70,000원	<	161,000원	Low
소고기볶음밥	28,000원	<	161,000원	Low
해산물볶음밥	102,000원	<	161,000원	Low
돼지고기 폭립	520,000원	>	161,000원	High
소고기 스테이크	160,000원	<	161,000원	Low
케이쥰 치킨 샐러드	225,000원	>	161,000원	High
해산물 샐러드	90,000원	<	161,000원	Low
돈까스	160,000원	<	161,000원	Low
왕새우 구이	35,000원	<	161,000원	Low
해산물 모듬 구이	220,000원	>	161,000원	High

⑥ 파베직의 CMA 분석결과

메뉴명	평균식재료원가율	가중된 평균공헌이익	결과
김치볶음밥	Low	Low	Sleepers
소고기볶음밥	High	Low	Problems
해산물볶음밥	Low	Low	Sleepers
돼지고기 폭립	High	High	Standards
소고기 스테이크	High	Low	Problems
케이준 치킨 샐러드	Low	High	Primes
해산물 샐러드	Low	Low	Sleepers
돈까스	Low	Low	Sleepers
왕새우 구이	High	Low	Problems
해산물 모듬 구이	Low	High	Primes

4. ABC 분석

ABC 분석은 매출액 합계를 산출하여 메뉴별 매출액의 합계가 가장 좋은 메뉴는 A그룹, 그 다음으로 B그룹, C그룹으로 분류하여 메뉴를 평가하는 것이다. ABC 분석은 전체 결과의 80%가 전체 원인의 20%에서 일어나는 현상을 의미하는 파레토 법칙을 활용한 것으로 분석하는 방법이 단순하여 소규모 외식업체에서 많이 사용한다.

보통 A그룹의 메뉴는 총 매출의 누적합계 70% 정도를 차지하는 메뉴로 해당 외식기업의 중심 메뉴군이며 B그룹은 70~90%에 해당하며 나머지를 C그룹으로 분류한다. 각각의 그룹에 해당하는 메뉴의 가지수는 적을수록 적은 메뉴로 많은 매출을 올리는 것으로 판매효율이 좋다는 것을 나타낸다.

메뉴 평가 시 C그룹에 속하는 메뉴는 거의 판매량이 없는 메뉴로 과감하게 삭제하거나 메뉴 개선을 통한 새로운 전략을 구상하여야 한다. ABC 분석에서 주의해야 할 점은 B와 C그룹에 속한 메뉴에 대한 평가이다.

보다 효율적인 메뉴 판매를 위해서는 판매되지 않는 메뉴의 삭제가 필요하겠지만 B와 C그룹의 메뉴가 A그룹의 판매에 보조적인 역할을 담당하는 경우가 있기 때문에 메뉴간의 관계를 주의깊게 살펴야 한다.

〈M 레스토랑 ○○월 영업결과를 통한 ABC 분석하기〉

M 레스토랑 ○○월 영업결과

메뉴명	판매가	수량	메뉴별 매출액	판매 비율	매출누적 비율	ABC분석
돼지고기 폭립	20,000	40	800,000	32.6%	32.6%	A메뉴군
케이준 치킨 샐러드	13,000	25	325,000	13.2%	45.8%	
해산물 모듬 구이	32,000	10	320,000	13.0%	58.9%	
소고기 스테이크	28,000	10	280,000	11.4%	70.3%	
돈까스	6,000	40	240,000	9.8%	80.0%	B메뉴군
해산물볶음밥	5,000	30	150,000	6.1%	86.2%	
해산물 샐러드	13,000	10	130,000	5.3%	91.4%	
김치볶음밥	5,000	20	100,000	4.1%	95.5%	C메뉴군
왕새우 구이	12,000	5	60,000	2.4%	98.0%	
소고기볶음밥	5,000	10	50,000	2.0%	100.0%	
합계		200	2,455,000			

※ **메뉴별매출액 = 판매가 × 판매수량**

※ **판매비율 = 메뉴별 매출액 ÷ 메뉴별매출액합계** × 100

Check point

빅데이터를 이용한 레스토랑 산업

빅데이터는 레스토랑 산업의 운영방식에 변화를 주도하고 있다. 2018년 Restaurant Business Online에서 앞으로 모든 산업은 "데이터가 모든 것을 주도할 것."이라고 발표하였다. 레스토랑에서 빅데이터는 개인화된 마케팅 및 메뉴개발에서 스마트 주방기술과 심층적인 인구통계 분석을 활용하여 전략을 분석 및 구현하고 있다.

레스토랑은 고객의 서비스 만족과 식사 경험의 개선을 위해 데이터를 기록하고 활용하는 새로운 기술을 활용하고 있다. 시작은 고객이 주문하고 결제 방식에서 시작한다. 레스토랑은 POS, 키오스크, 모바일 앱, 태블릿과 같은 다양한 디지털 도구를 사용하고 있다. 이러한 디지털 도구는 편리한 주문 및 결제 프로세스를 제공하는 것 외에도 고객의 주문 내역을 분석하여 고객별로 맞춤화된 메뉴를 제안하거나 제공할 수 있다.

이러한 분석은 먼저 'A'를 구매하는 사람들이 'B' 메뉴를 좋아한다는 사실을 알게 되고 소비자에게 판촉 전략뿐만 아니라 세트메뉴 구성 등에도 활용할 수 있는 정보를 제공한다.

두 번째로 레스토랑 전체에 배치된 데이터 수집 센서는 손님과 직원이 공간을 사용하는 방식을 추적하여 대기 시간 및 서비스 제공의 흐름 등 레스토랑의 전반적인 효율성을 개선할 수 있는 기회를 제공한다.

세 번째로 COVID-19로 인하여 성장한 배달 산업에서 배달 서비스를 향상시킨다. 배달 서비스에서 배달시간은 매우 중요한 요인으로 작용한다. 이러한 배달시간에 직접적인 영향을 미치는 교통상황 등의 데이터를 이용하여 정확한 배달시간을 공지하고 예약한 시간에 배달서비스를 제공받을 수 있다.

마지막으로 식재료 이용의 절감을 가져올 수 있다. 레스토랑은 예상매출과 메뉴별 판매 예상이 쉽지 않아 일상적으로 많은 식재료를 준비하고 저장하고 있다. 빅데이터를 이용하면 보다 정확한 예상매출을 산출할 수 있고 이에 따라 식재료의 과다한 저장을 야기하지 않기 때문에 식재료의 손실을 줄일 수 있고 이를 통한 수익율 증가를 가져올 수 있다.

성공적인 외식경영을 위해서는 체인 레스토랑이든 독립점포 식당이든 관계없이 모든 레스토랑에서는 다양한 형태의 데이터를 수집할 수 있는 방법을 찾고 이를 구조화하여 운영 전략에 활용할 수 있어야 한다.

연습문제

1. 밀러의 메뉴 분석 결과 'Losers' 분류되는 메뉴의 개선전략을 제시하시오.

2. Pavesic의 메뉴분석 결과 'Standards'에 해당하는 메뉴의 개선 전략을 제시하시오.

Chapter 9

손익분기점 분석

1. 손익분기점(Break Even Point)의 정의
2. 손익분기점 산출하기
3. 손익분기점 활용

Chapter 09.

손익분기점 분석

학습 목표

1. 손익분기점을 이해하고 활용할 수 있다.
2. 목표이익을 고려한 목표 매출을 산출하여 활용할 수 있다.
3. 가격 및 비용 변화에 따른 손익분기점의 변화를 이해하고 활용할 수 있다.

1. 손익분기점(Break Even Point)의 정의

손익분기점이란 총 수익과 총 비용이 일치하여 손실도 이익도 발생하지 않는 이익이 0이 되는 판매량 또는 매출액을 말한다. 매출액이 변동비와 고정비 모두를 지출하고 부족하다면 기업은 손실을 보는 셈이다. 그러나 매출액이 이익은 발생하지 않았지만 변동비와 고정비 모두를 감당한다면 이익은 0이 되는 것이다. 이익이 없는 영업 결과에서 매출액이 변동비와 고정비가 같아지는 점을 손익분기점이라고 한다.

손익분기점의 분석은 원가Cost, 생산량Volume, 이익Profit이 서로간에 어떠한 영향을 미치고 있는지를 분석하는 것으로 CVP**분석**이라고도 한다.

손익분기점 분석은 원가, 생산량, 이익의 상호관계에 따른 영향을 분석하는 것으로 이 세 가지 요소 중에서 한 가지만 변화하면 다른 요인은 어떠한 영향을 받는지를 분석하며 원가관리뿐만 아니라 메뉴의 구성, 가격결정, 시설투자결정 등에 관한 기본적인 정보를 제공한다.

따라서 손익분기점 분석은 기업이 생산 및 판매계획을 수립하는 데 매우 유용하여 다음의 물음에 답을 구하는 데 활용된다.

① 발생된 원가를 모두 회수하려면 어느 정도의 메뉴를 생산 · 판매해야 하는가?
② 판매량이 현재보다 증가되는 경우 이익은 얼마나 증가하는가?
③ 목표하는 이익을 얻기 위해서는 어느 정도의 메뉴가 생산 · 판매되어야 하는가?

다만 손익분기점을 분석하는 데 몇 가지 어려운 점이 있다.

① 메뉴 생산에 들어가는 원가를 변동비와 고정비로 명확하게 나누는 것이 어렵다.
② 원가를 나누는 것이 가능하다 하더라도 외식기업에서 사용하는 식재료의 원가가 수시로 변동된다.
③ 일정 범위 내의 생산량에서만 유용하다. 즉 일정 범위를 넘어가는 생산량은 손익분기점이 달라질 수 있다.
④ 외식기업은 다품종의 메뉴를 생산 판매하기 때문에 메뉴의 판매비율이 항상 일정하지 않아 분석에 어려움이 있다.

따라서 손익분기점을 분석할 때는 절대적인 값을 나타내지 못하기 때문에 대략적으로 산출되는 매출정도를 나타내는 이론적인 수치로 활용되어야 한다.

2. 손익분기점 산출하기

1. 등식법

손익분기점은 매출과 비용이 같은 판매량을 구하는 것으로 다음과 같은 수식을 산출하여 구할 수 있다.

$$매출 = 원가 + 이익$$

$$매출 = 변동비 + 고정비 + 이익$$

손익분기점은 '이익 = 0'이므로

$$매출 = 변동비 + 고정비$$

일반적으로 고정비는 기간단위로 일정한 금액이 발생되고 변동비는 표준원가를 목표로 하여 기업을 운영하기 때문에 비율로 고정되어 있다.

따라서

$$매출 - 변동비 = 고정비$$

$$\frac{매출 - 변동비}{매출} = \frac{고정비}{매출}$$

$$1 - \frac{변동비}{매출} = \frac{고정비}{매출}$$

$$1 - 변동비율 = \frac{고정비}{매출}$$

$$매출(BEP) = \frac{고정비}{1 - 변동비율}$$

[예제]

M 레스토랑은 판매가 10,000원의 돈까스만 판매하는 레스토랑으로 돈까스를 생산하는데 들어가는 변동비용이 3,000원이 발생하고 변동비를 제외하고 월임대료나 인건비와 같은 고정비가 280만원이라고 예상되는 경우 손익분기점을 등식법을 이용하여 구하시오.

[풀이]

① 변동비와 고정비를 나누고 변동비율을 구한다.

- 개별 변동비 : 3000원,
- 고정비 : 280만원
- 변동비율 = 3000원 ÷ 10,000원 = 0.3 (30%)

② 손익분기점 수식에 대입한다.

$$\text{손익분기점(BEP)} = \frac{\text{고정비}}{1-\text{변동비율}}$$

$$= \frac{2{,}800{,}000}{1-0.3} = 4{,}000{,}000\text{원}$$

M 레스토랑이 한 달에 돈까스를 400개 생산하고 판매하여 4,000,000원의 매출을 달성하면 고정비 2,800,000원과 식재료원가(변동비) 1,200,000원이 사용되고 이익은 없는 매출이 달성된다.

2. 공헌이익접근법

공헌이익이란 전체 매출에서 변동비를 차감한 금액으로 판매가격이 고정비를 회수하고 이익을 창출하는데 얼마나 공헌하는가를 나타내는 개념이다.

공헌이익 = 매출 − 변동비	단위당공헌이익 = 판매가 − 단위당변동비
$\text{공헌이익율} = \frac{\text{공헌이익}}{\text{매출}} = \frac{\text{단위당공헌이익}}{\text{단위당판매가}}$	

손익분기점의 공헌이익접근법은 등식법을 변형한 산출방법이며 구하는 식은 다음과 같다.

매출 = 원가 + 이익

손익분기점은 '이익 = 0'이므로

매출 − 변동비 = 고정비

공헌이익 = 고정비

일반적으로 고정비는 기간단위로 일정한 금액이 발생되고 공헌이익은 판매량에 따라 변동되지만 공헌이익율은 비율로 고정되어 있다.

매출 × 공헌이익율 = 고정비

$$\text{매출(BEP)} = \frac{\text{고정비}}{\text{공헌이익율}}$$

[예제]

M 레스토랑은 판매가 10,000원의 돈까스만 판매하는 레스토랑으로 돈까스를 생산하는데 들어가는 변동비용이 3,000원이 발생하고 변동비를 제외하고 월임대료나 인건비와 같은 고정비가 280만원이라고 예상되는 경우 손익분기점을 공헌이익접근법을 이용하여 구하시오.

[풀이]

① 고정비와 공헌이익율을 구한다.

- 고정비 : 280만원
- **단위당공헌이익 = 판매가 − 단위당변동비** = 10,000원 − 3,000원 = 7,000원
- **공헌이익율** $= \frac{\text{단위당공헌이익}}{\text{단위당판매가}} = \frac{7{,}000\text{원}}{10{,}000\text{원}} = 0.7\ (70\%)$

② 공헌이익접근법을 이용한 손익분기점 수식에 대입한다.

$$\text{손익분기점(BEP)} = \frac{\text{고정비}}{\text{공헌이익율}} = \frac{2{,}800{,}000}{0.7} = 4{,}000{,}000\text{원}$$

M 레스토랑이 한 달에 돈까스를 400개 생산하고 판매하여 4,000,000원의 매출을 달성하면 고정비 2,800,000원과 식재료원가(변동비) 1,200,000원이 사용되고 이익은 없는 매출이 달성된다.

3. 손익분기점 활용

1. 목표이익을 고려한 목표매출 산출

경영자는 기업을 운영하면서 목표를 설정하고 그 목표를 달성하기 위해서 한정된 자원을 잘 활용하여야 한다. 기업에서는 회계연도가 시작하는 시점에 목표이익을 고려한 예산을 편성하고 목표이익과 예상비용을 고려하여 기업을 운영한다.

손익분기점을 활용하면 경영자가 원하는 목표이익을 달성하기 위해 필요한 매출 또는

판매량을 계산할 수 있다. 목표이익 달성을 위한 매출이나 판매량을 산출하는 방법도 등식법과 공헌이익접근법이 있다.

구하는 식은 다음과 같다.

① 등식법을 이용한 목표매출액 산출방법

$$\text{매출} = \text{원가} + \text{이익}$$

$$\text{매출} = \text{변동비} + \text{고정비} + \text{이익}$$

$$\text{매출} - \text{변동비} = \text{고정비} + \text{이익}$$

$$\frac{\text{매출} - \text{변동비}}{\text{매출}} = \frac{\text{고정비} + \text{이익}}{\text{매출}}$$

$$\text{매출(BEP)} = \frac{\text{고정비}}{1 - \text{변동비율}}$$

② 공헌이익접근접을 이용한 산출방법

$$\text{매출} = \text{원가} + \text{이익}$$

$$\text{매출} - \text{변동비} = \text{고정비} + \text{이익}$$

$$\text{공헌이익} = \text{고정비} + \text{이익}$$

일반적으로 고정비는 기간단위로 일정한 금액이 발생되고 공헌이익은 판매량에 따라 변동되지만 공헌이익율은 비율로 고정되어 있다.

$$\text{매출} \times \text{공헌이익율} = \text{고정비} + \text{이익}$$

$$\text{매출(BEP)} = \frac{\text{고정비} + \text{이익}}{\text{공헌이익율}}$$

[예제]

M 레스토랑은 판매가 10,000원의 돈까스만 판매하는 레스토랑으로 돈까스를 생산하는데 들어가는 변동비용이 3,000원이 발생하고 변동비를 제외하고 월임대료나 인건비와 같은 고정비가 280만원이라고 예상되는 경우 목표이익이 210만원이라면 달성해야 하는 판매량을 구하시오.

[풀이]

① 고정비와 공헌이익율을 구한다.

- 고정비 : 280만원
- **단위당공헌이익 = 판매가 − 단위당변동비** = 10,000원 − 3,000원 = 7,000원
- **공헌이익율** $= \dfrac{\textbf{단위당공헌이익}}{\textbf{단위당판매가}} = \dfrac{7{,}000원}{10{,}000원} = 0.7\ (70\%)$

② 공헌이익접근법을 이용하여 목표이익 210만원일 때 손익분기점을 구하시오.

$$\textbf{목표이익을 고려한 손익분기점}(BEP) = \frac{\textbf{고정비 + 목표이익}}{\textbf{공헌이익율}}$$

$$= \frac{2{,}800{,}000 + 2{,}100{,}000}{0.7} = 7{,}000{,}000원$$

M 레스토랑이 한 달에 돈까스를 700개 생산하고 판매하여 7,000,000원의 매출을 달성하면 고정비 2,800,000원과 식재료원가(변동비) 2,100,000원을 사용하고 2,100,000원의 이익이 발생한다.

2. 메뉴 가격의 인상 시 고려요인

외식기업은 물가상승과 고객의 수요를 분산하거나 높은 이익을 획득하기 위한 목적으로 가격을 인상하는 방법을 사용하기도 한다. 다만 가격을 인상하여 희망하는 이익을 얻으면 좋겠지만 대부분의 고객들은 가격인상에 대해 부정적인 생각을 가지고 있으며 일정 범위를 넘어가는 가격인상에 대해서는 불만을 표현하고 더 이상의 구매를 고려하지 않을 수 있다.

경영자는 손익분기점 분석을 이용하여 가격 인상 시 얻을 수 있는 예상이익과 이탈 고객을 고려하여 가격인상의 여부를 결정하여야 한다.

[예제]

M 레스토랑은 인건비와 물가상승 등의 이유로 판매가를 10,000원인 돈까스를 12,000원으로 가격을 인상하려고 한다. 변동비용이 3,000원과 월임대료나 인건비와 같은 고정비가 280만원, 목표이익이 210만원으로 변동이 없는 경우 손익분기점의 변화를 알아보자.

[풀이]

① 가격 인상 전 손익분기점을 구한다.

- 고정비 : 280만원
- **단위당공헌이익 = 판매가 − 단위당변동비** = 10,000원 − 3,000원 = 7,000원
- **공헌이익율** $= \frac{\textbf{단위당공헌이익}}{\textbf{단위당판매가}} = \frac{7{,}000\text{원}}{10{,}000\text{원}} = 0.7\ (70\%)$

$$\text{목표이익을 고려한 손익분기점(BEP)} = \frac{\text{고정비} + \text{목표이익}}{\text{공헌이익율}}$$

$$= \frac{2{,}800{,}000 + 2{,}100{,}000}{0.7} = 7{,}000{,}000\text{원}$$

② 가격을 10,000원에서 12,000원으로 인상을 할 경우

- 고정비 : 280만원
- **단위당공헌이익 = 판매가 − 단위당변동비** = 12,000원 − 3,000원 = 9,000원
- **공헌이익율** $= \frac{\textbf{단위당공헌이익}}{\textbf{단위당판매가}} = \frac{9{,}000\text{원}}{12{,}000\text{원}} = 0.75\ (75\%)$

$$\textbf{목표이익을 고려한 손익분기점(BEP)} = \frac{\textbf{고정비 + 목표이익}}{\textbf{공헌이익율}}$$

$$= \frac{2{,}800{,}000 + 2{,}100{,}000}{0.75} \fallingdotseq 6{,}530{,}000\text{원}$$

M 레스토랑이 한 달에 돈까스를 700개 생산하고 판매하여 7,000,000원의 매출로 목표이익 210만원을 달성할 수 있었지만 가격을 12,000원으로 인상하게 되면 동일한 조건에서 한 달에 돈까스를 약 544개 생산하여 154개를 덜 생산하고도 210만원의 목표이익을 달성할 수 있다.

결과적으로 20% 가격인상 후 154명의 고객이 이탈하더라도 목표로 하는 이익을 얻을 수 있게 되었다. 이때 경영자는 20%의 가격인상 시 어느 정도의 고객 이탈이 발생할 것인지 고려하여 가격인상 여부를 결정하여야 한다.

3. 변동비 감소에 따른 기업의 변화

외식기업에서 변동비의 절감이라고 하면 메뉴의 품질변화가 없이 새로운 방안을 모색

하여 새로운 기준표준을 설정하는 일이다.

변동비의 절감은 고객에게 제공되는 메뉴의 변화가 없기 때문에 고객이 불만족하여 이탈 고객이 발생하는 경우는 없다. 다만 새로운 방안의 모색없이 고객에게 제공하는 분량의 조정이나 식재료의 변화 등으로 변동비를 감소시킨다면 고객은 품질의 변화를 알아차리고 이탈 고객이 될 수 있을 것이다.

따라서 경영자는 변동비의 감소가 이익에 어떠한 영향을 주는지 확인하고 그 영향으로 발생할 수 있는 이탈고객을 고려하여 분량조정 등의 변동비 감소 여부를 결정하여야 할 것이다.

[예제]

M 레스토랑은 돈까스 단일메뉴를 판매하는 레스토랑으로 돈까스의 가격은 10,000원이다. 메뉴 분석 후 메뉴의 분량을 줄이는 방법으로 변동비를 3,000원에서 2,500원으로 줄인 경우 손익분기점의 변화를 알아보자. 변동비를 제외한 월임대료나 인건비와 같은 고정비가 280만원, 목표이익이 210만원으로 동일하다.

[풀이]

① 변동비 감소전 전 손익분기점을 구한다.

- 고정비 : 280만원
- **단위당공헌이익 = 판매가 - 단위당변동비** = 10,000원 - 3,000원 = 7,000원
- **공헌이익율** $= \dfrac{\textbf{단위당공헌이익}}{\textbf{단위당판매가}} = \dfrac{7{,}000\text{원}}{10{,}000\text{원}} = 0.7\ (70\%)$

$$\text{목표이익을 고려한 손익분기점(BEP)} = \frac{\text{고정비} + \text{목표이익}}{\text{공헌이익율}}$$

$$= \frac{2{,}800{,}000 + 2{,}100{,}000}{0.7} = 7{,}000{,}000\text{원}$$

② 변동비를 3,000원에서 2,500원으로 감소할 경우

- 고정비 : 280만원
- **단위당공헌이익 = 판매가 - 단위당변동비** = 10,000원 - 2,500원 = 7,500원
- **공헌이익율** $= \dfrac{\textbf{단위당공헌이익}}{\textbf{단위당판매가}} = \dfrac{7{,}500\text{원}}{10{,}000\text{원}} = 0.75\ (75\%)$

$$\text{목표이익을 고려한 손익분기점(BEP)} = \frac{\text{고정비} + \text{목표이익}}{\text{공헌이익율}}$$

$$= \frac{2{,}800{,}000 + 2{,}100{,}000}{0.75} \fallingdotseq 6{,}530{,}000\text{원}$$

M 레스토랑이 한 달에 돈까스를 700개 생산하고 판매하여 7,000,000원의 매출로 목표이익 210만원을 달성할 수 있었지만 변동비를 2,500원으로 감소시키면 동일한 조건에서 한 달에 돈까스를 약 653개 생산하여 47개를 덜 생산하고도 210만원의 목표이익을 달성할 수 있다.

결과적으로 분량 감소와 식재료비 감소 후 47명의 고객이 이탈하더라도 목표로 하는 이익을 얻을 수 있게 되었다. 이때 경영자는 변동비의 감소로 품질의 변화는 어느 정도 고객 이탈이 발생할 것인지 고려하여 품질변화 여부를 결정하여야 한다.

연습문제

1. 외식기업에서 손익분기점 분석이 어려운 이유에 대해서 설명하시오.

2. 다음의 ○○ 레스토랑의 손익분식점을 계산하시오.
   1) ○○ 레스토랑의 변동비가 35%, 고정비가 1,000만원인 경우 손익분기점을 계산하시오.
   2) ○○ 레스토랑 객단가를 1만원에서 12,000원으로 인상하면 손익분기점의 변화를 설명하시오.

3. ○○ 레스토랑의 변동비를 35%에서 30%로 인하하는 경우 손익분기점의 변화를 설명하시오.

Chapter 10

메뉴가격결정

1. 메뉴가격결정 요인
2. 메뉴가격결정 방법
3. 메뉴의 가격결정 절차
4. 마케팅을 고려한 가격전략

Chapter
10.

메뉴가격결정

학습 목표

1. 메뉴가격결정 시 영향을 주는 요인을 설명할 수 있다.
2. 메뉴가격결정의 절차를 설명할 수 있다.
3. 마케팅을 고려한 가격전략으로 가격차별화 전략과 고객의 심리를 이용한 가격전략을 설명할 수 있다.

1. 메뉴가격결정 요인

소비자는 다양한 요인을 고려하여 구매를 결정한다. 그 중 가격은 고객이 구매 의사를 결정하는 과정 중 가장 큰 영향을 미치는 요소이다. 또한 기업 측면에서의 가격은 기업의 이익에 큰 영향을 미치는 요인이라 할 수 있다. 따라서 외식기업은 가격을 결정할 때 소비자가 지불 의향이 있는 가격과 기업 이익을 동시에 만족시킬 수 있는 가격을 찾아야 한다.

메뉴의 가격결정은 쉽지 않기 때문에 소비자와 기업을 동시에 만족시키기 위해서는 메뉴가격결정 시 다음의 요인들을 고려해야 한다.

- **원가와 이익** : 원가를 고려하여 기업의 적정한 이익을 발생할 수 있어야 한다.
- **효용가치** : 고객의 지속적인 구매활동을 위해서는 고객이 지불하는 가격에 비해 얻는 효용가치가 크다고 느끼게 해야 한다.
- **가격 탄력성** : 고객의 가격변화에 대한 민감도를 말한다. 가격 탄력성이 낮으면 가격 변동의 폭이 크고 고객은 구매를 결정하게 된다.

- **시간대별 수요** : 시간대별 · 요일별 수요를 감안한 가격을 고려하여야 한다.
- **경쟁의 정도** : 시장경쟁 정도에 따라서 가격을 결정한다. 시장경쟁의 정도가 강하게 되면 저가의 가격결정을 고려하게 된다.
- **기타 요인** : 상권 및 입지, 경제여건, 물가수준, 정부규제, 사회적 책임 등의 요인을 고려하여 가격을 결정한다.

2. 메뉴가격결정 방법

메뉴의 가격을 결정하는 방법으로는 크게 주관적인 가격결정 방법과 객관적인 가격결정 방법으로 나눌 수 있다.

주관적 가격결정 방법은 경영자의 경험과 경쟁자의 가격을 참고로 가격을 결정하는 방법으로 적정가격법, 최고가격법, 최저가격법, 독창적가격법, 경쟁자가격법 등이 있다.

객관적 가격결정 방법은 원가를 바탕으로 가격을 객관적인 계산방법에 의해 산출하는 방식이다. 식재료원가를 바탕으로 가격을 산출하는 가격팩터법과 식재료비용과 인건비를 고려하여 가격을 산출하는 프라임코스트법이 있다.

1. 주관적인 가격결정 방법

경영자의 주관적 판단에 의하여 메뉴 아이템의 가격을 결정하는 방법이다.

- **적정가격법** : 경영자의 경험과 추측에 의해 적당하다고 판단되는 가격으로 결정하는 방법이다.
- **최고가격법** : 고객이 지불가능하다고 판단되는 최고가격으로 가격을 결정하는 방법이다. 소비자는 품질에 대한 정확한 평가를 할 수 없기 때문에 가격이 품질의 지표가 되는 경우가 많다. 높은 품질의 메뉴를 제공한다는 의미로 고객이 지불할 수 있는 최고의 가격으로 가격을 결정하는 것이다. 고객의 지불가능 한도를 넘어가는 높은 가격은 구매를 기피할 수 있기 때문에 소비자의 수용범위를 알고 가격을 결정하여야 한다.

- **최저가격법** : 고객이 품질을 의심하지 않으면서 지불의향이 있는 최저가격으로 결정하는 방법이다. 단, 외식기업의 제품은 가격이 너무 낮은 경우 품질, 위생, 식품안전에 대한 의심을 가질 수 있기 때문에 고객의 최저수용범위에 미달되어서는 안 된다. 최저가격법을 사용하는 메뉴의 경우 유인을 통해 다른 메뉴도 함께 구입하는 효과를 얻을 수도 있다.
- **독창적가격법** : 시장반응과 경험을 통해 실험적으로 가격을 책정하는 방법이다.
- **경쟁자가격법** : 경쟁업체의 가격을 고려한 가격책정으로 가장 많이 사용되는 방법이다.

2. 객관적인 가격결정 방법

객관적인 가격결정 방법은 식재료비나 인건비를 고려하여 메뉴가격을 결정하는 방법이다. 외식기업에서 주로 사용하는 방법으로 원가 중 가장 높은 비중을 차지하는 식재료원가를 이용하는 방법과 식재료비와 직접인건비를 고려하는 프라임코스트 방법 등이 있다.

1) 식재료원가를 이용하는 방법 (가격팩터법)

식재료원가를 이용하여 가격을 결정하는 방법은 레스토랑에서 가장 오랫동안 사용되어 온 방법이다. 식재료의 몇 배를 받아야 적정 판매가가 되는지를 결정하는 방법이다. 방법은 모든 아이템을 일률적으로 적용하기에 어려움이 있지만 판매가격의 계산이 간단하여 많이 이용된다.

판매가 = 식재료 원가 × 팩터

팩터 = 100% ÷ 식재료 원가율(%)

[예제]

복음밥의 식재료비가 2,000원이고 식재료비율을 30%로 판매하고자 하는 경우 판매가격은 얼마인가?

[풀이]

① **팩터** = 100% ÷ **식재료 원가율**(%)

= 100% ÷ 30% ≒ 3.33

② **판매가** = **식재료 원가** × **팩터**

= 2000원 × 3.33 ≒ 6,660원

가격팩터법에 의해 식재료비 2,000원인 볶음밥은 6,660원의 가격을 산출할 수 있다.

2) 프라임 코스트를 이용하는 방법(프라임코스트법)

외식기업에서 식재료비 다음으로 높은 비중을 차지하는 원가는 인건비이다. 프라임코스트법은 식재료비와 메뉴를 생산하는데 직접적으로 요구되는 인건비를 포함시켜 계산하는 방법이다. 특정 메뉴의 직접인건비를 산출할 수도 있겠으나 전체 인건비의 약 1/3 정도를 식자재 원가에 추가하여 프라임코스트를 산출한다.

판매가 = **프라임코스트** × **프라임코스트팩터**

프라임코스트팩터 = 100% ÷ (**식재료 원가율** + **직접인건비율**)

[예제]

볶음밥의 식재료비가 2,000원이고 식재료비율은 30%이고 직접인건비가 500원이고 외식기업의 목표 직접인건비율은 전체 인건비 수준의 1/3인 10%인 경우 판매가격은 얼마인가?

[풀이]

① **프라임코스트팩터** = 100% ÷ (**식재료 원가율** + **직접인건비율**)

= 100% ÷ (30%+10%) ≒ 2.5

② **판매가** = **프라임코스트** × **팩터**

= (2000원 + 500원) × 2.5 = 6,250원

프라임코스트법에 의해 식재료비 2,000원, 직접인건비 500원인 볶음밥은 6,250원의 가격을 산출할 수 있다.

3. 메뉴의 가격결정 절차

외식기업에서 가격결정은 이익을 창출하는 매우 중요한 요소이며 고객의 구매의사를 결정하는 요소로도 작용한다. 앞서 주관적 가격결정 방법과 객관적 가격결정 방법에 대해서 설명하였지만 기업의 이익과 고객의 가치를 만족시켜 줄 수 있는 과학적이고 체계적인 유일한 방법의 가격결정 방법을 하나로 정의할 수는 없다. 따라서 모든 외식기업은 기업의 환경, 이익과 고객의 가치를 만족시켜 구매를 자극할 수 있는 가격을 책정할 수 있는 자신만의 특화된 방법을 찾아야 한다.

다음은 팩터를 이용한 가격결정 방법과 주관적 가격결정 방법을 활용하여 실무에서 활용할 수 있는 메뉴가격결정의 방법을 설명하겠다.

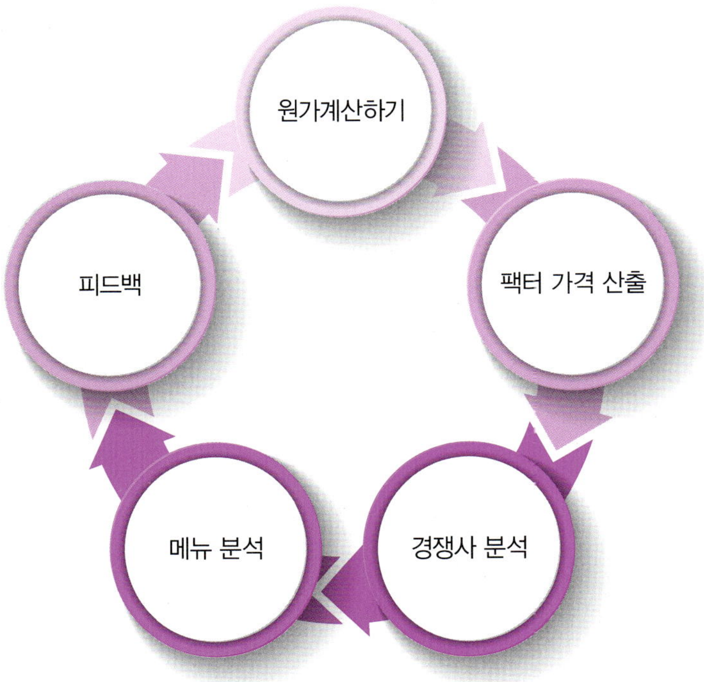

그림 10-3 메뉴의 원가 계산

1단계 : 메뉴의 식재료 원가 정확하게 계산하기

메뉴의 가격결정을 위해서는 가장 먼저 메뉴 아이템의 정확한 식재료원가를 산출하는 것이다. 상세하게 메뉴의 식재료원가를 계산하는 것은 구입하는 단가가 계속 변경되고 식재료의 품질 또한 항상 일정한 것이 아니기 때문에 정확한 원가를 계산하는 것은 쉬운 일이 아니다. 하지만 정확한 원가관리와 더불어 합리적인 가격을 책정하여 이익을 내고 싶다면 끊임없는 시장조사와 레시피의 수정을 통하여 정확한 원가를 계산하여야 한다.

2단계 : 식재료 원가에서 팩터 값 곱하기

1단계에서 메뉴 아이템의 원가가 계산되면 그 원가에 3부터 7사이의 팩터 factor 값을 곱하는 것이 가격결정의 제2단계 작업이다. 팩터가 3~7이라는 것은 식재료 원가율이 15%~35% 정도를 의미한다. 저렴한 가격을 추구하는 외식기업이라면 팩터는 3 원가율 35% 이상에 가까운 것을 선택하는 것이 좋다. 일반적으로 임대료나 인건비 등의 고정비가 낮고 감가상각해야 할 투자비도 적게 소요된 경우에 해당된다.

반대로 시설이 고급스럽고 서비스 수준을 높게 설정한 레스토랑이라면 많은 투자비와 높은 고정비를 감당하기 위해 7에 가까운 팩터를 사용하는 것이 좋다.

3단계 : 상권 내 경쟁점 가격 조사하여 비교하기

원가와 승수를 이용하여 가격을 산출하였다면 이제 3번째 단계는 동일한 메뉴를 취급하는 경쟁 레스토랑의 가격을 조사하여 비교하는 일이다. 레스토랑 경영자는 동일한 상권 내에 있는 경쟁자의 메뉴가격을 수시로 파악하는 노력이 필요하다. 가격 조사 시에 경쟁사의 가격결정에 영향을 주는 다른 요인들에 대한 검토도 필요하다.

예를 들어 자신의 기업과 비교했을 때의 낮은 임대료, 물리적 환경의 차이, 제공되는 서비스의 차이 등의 요소는 가격결정에 영향을 미칠 수 있는 요인들로 자신의 기업과 비슷한 수준의 비용이 발생하는 경쟁사와 비교하여야 한다.

4단계 : 판매 후 메뉴분석을 이용한 가격의 개선안 도출

정확하게 말하면 고객의 반응과 메뉴의 구성상의 원가율을 살펴야 된다. 원가계산, 팩터를 이용한 가격설정, 경쟁 레스토랑과의 가격을 비교하여 결정한 가격이라 하더라도 실제로 고객들이 어떻게 받아들이는지는 누구도 모르는 것이다. 따라서 경영자는 월, 분기, 연 단위로 메뉴 분석을 하여 메뉴 운영의 문제점을 도출하고 개선안을 모색하여야 한다.

5단계 : 메뉴분석에 따른 피드백(중단, 개선, 개발)

마지막 단계는 4단계의 메뉴 엔지니어링 분석을 통해 도출된 문제점과 개선안을 메뉴별로 적용하는 단계이다. 메뉴의 가격을 조정하거나 메뉴의 제거 또는 추가하는 작업이 이루어진다.

4. 마케팅을 고려한 가격전략

1. 가격차별화 전략

외식기업이 동일한 메뉴를 다양한 고객들에게 판매하더라도 고객에 따라 지불할 의향의 가격대는 다르다. 만약 외식기업이 고객별로 지불할 의향이 있는 가격을 파악할 수 있고 고객들에게 서로 알아차리지 못하도록 각자 원하는 가격을 제시하여 판매하게 되면 고객은 최대의 만족을 느끼게 되고 기업은 최대의 매출을 올릴 수 있게 될 것이다.

가격차별화 전략은 '같은' 제품을 '상이한' 고객에게 '상이한' 가격에 팔 수 있는 방법을 제시한다. 이를 통해 수요가 많은 시간대는 수요를 분산하거나 수요가 없는 시간에는 수요를 자극하여 수요를 늘릴 수 있기 때문에 기업은 매출을 향상시킬 수 있는 것이다.

라피 모하메드에 따르면 가격차별화 전략은 크게 7가지로 나눌 수 있는데, 이는 고객특성, 허들, 시간, 대량 구매 할인, 유통, 혼합번들링, 개별 협상 등이다. 외식기업에서는 산업의 특성상 유통과 개별협상 단계가 존재하지 않기 때문에 이를 제외한 5가지 전략에 대하여 살펴보고자 한다.

① 고객특성에 따른 가격차별화 전략 : 나이, 성별, 직업, 거주지역과 같은 고객들의 개인적인 특성에 따라서 고객들이 인지하는 메뉴나 서비스에 대해 느끼는 가치는 차이가 있다. 이와 같이 고객마다 인식하는 가치수준을 고객 특성으로 나눌 수 있다면 외식기업 경영자는 고객들의 특성에 따라 고객을 구분하고 각각 다른 가격을 제시할 수 있다. 예를 들면 레스토랑에서 어린이나 노인을 위한 메뉴를 저렴하게 제공하는 것이 이에 해당한다.

② 허들을 이용한 가격차별화 전략 : 가격 할인을 원하는 고객은 적극적인 행동을 유도하는 장치가 필요하다. 외식기업은 가격 할인을 원하는 고객에게 쿠폰, 회원제 등 할인의 도구를 통하여 가격차별화를 제공한다.

③ 시간에 따른 가격차별화 전략 : 외식기업에서 이용시간에 따른 가격차별의 사례는 너무나 일반적이다. 상대적으로 수요가 적은 시간에는 수요를 창출하고, 수요가 많은 시간에는 수요를 억제함으로써 수용능력에 맞게 고객을 유치할 수 있다. 한가한 시간대에 방문하는 고객을 늘리기 위한 가격할인을 통한 가격차별화 전략이 이에 해당한다.

④ 대량 구매 할인 : 한 번에 대량 구매를 하면 가격을 낮춰주는 개념으로 외식기업에서는 대량 구매 할인이란 소수의 소비자가 방문하는 것보다는 다수의 소비자가 함께 방문하는 경우 할인을 해주는 개념으로 응용할 필요가 있다.

⑤ 묶음가격 전략 : 묶음가격 전략은 외식산업에서 가장 많이 활용되는 가격결정 전략의 하나이다. 단품으로 판매하는 메뉴를 세트로 묶어서 판매함으로써 가격차별화를 제공하는 것이다.

2. 고객 심리를 이용한 가격전략

레스토랑에서 다양한 심리학적 가격결정 방법에 따라 설정된 메뉴 가격을 발견하는 것은 어렵지 않다. 소비자들의 구매행동을 심리학적으로 분석하여 가격을 결정하는 방법으로 심리학적 가격결정을 많이 사용하는데 기대이론, 웨버의 법칙, 타협효과, 명성가격결정법, 관습가격전략 등이 여기에 해당된다.

① 기대이론 : 기대이론에 따르면 혜택은 분리해서 제시하는 것이 효과적임을 알 수

있다. 점심 할인 메뉴를 제공하는 스파게티 전문점에서 50%의 할인을 제공하려고 할 때 50% 할인이라고 표현하는 것보다는 30%는 할인을 제공하고 20%에 해당하는 금액만큼의 음료나 빵 또는 샐러드를 무료 제공한다고 광고하면 소비자들은 더 큰 가치를 느끼고 구매를 결정하게 된다.

② 웨버의 법칙 : 사람들은 어떤 자극에 대해 자극의 세기가 변했다는 것을 느끼려면 처음 주어진 자극과 일정한 크기 이상의 자극이 주어져야 차이를 인지한다. 메뉴의 가격을 인상하려고 할 때는 소비자의 저항을 줄이기 위하여 소비자들이 그 상승폭을 크게 인식하지 못하도록 설정하는 것이 필요하다.

③ 타협의 효과 : 소비자는 극단적인 가격을 싫어하고 타협하거나 중간의 것을 선택하는 경향이 있다. 레스토랑의 경우 적극적으로 판매하고자 하는 메뉴의 가격을 중간 가격대로 설정하고 다른 메뉴의 가격을 극단적으로 높거나 낮게 설정하면 소비자들은 양극단을 피하고 중간가격을 선택하게 유도할 수 있다.

④ 명성가격결정법 : 가격이 높으면 품질이 좋을 것이라고 생각하는 소비자의 심리를 이용하는 전략으로 고급레스토랑에서 유효한 전략이다.

⑤ 관습가격결정법 : 고객의 마음속에 이미 가격이 결정되어 있는 것을 활용하는 전략이다. 일반적으로 고객이 심리적으로 느끼는 관습가격 이상으로 가격이 책정되면 저항이 거세지기 때문에 중량이나 품질의 조정을 통하여 간접적인 조정 방법이 자주 사용된다.

⑥ 유도가격결정법 : 고객의 반응을 유도하기 위하여 전략적으로 낮은 가격을 설정하는 방법이다. 특정 메뉴에 대하여 정상적인 이익보다 낮거나 또는 원가 이하의 가격을 설정하여 서비스를 제공하는 경우가 있는데 고객을 유인한 후 다른 제품의 매출을 통하여 이익을 올리기 위한 전략이다. 이와 같은 전략은 단순히 고객의 유인이라는 차원을 넘어서서 레스토랑의 인지도를 높이고 고객 충성도를 높이는데 기여하기도 한다.

⑦ 단수가격결정법 : 제품의 판매가격에 단수를 붙이는 것으로 판매가에 대한 고객의 수용도를 높이고자 하는 것이다. 예를 들어 10,000원의 판매가 대신에 9,990원으로 한다면 그 차이는 겨우 10원이지만 절대가격보다 싸다는 느낌을 소비자가 갖기 쉽다. 단수에는 짝수보다도 5, 7 ,9와 같은 홀수를 많이 쓴다.

Check point

원자재 · 인건비 줄줄이 상승…美기업 '인플레'서 살아남는 법

전 세계적으로 인플레이션의 공포가 엄습하고 있다. 인플레이션 상황에서 기업은 생산에 필요한 원자재, 인건비 상승으로 낮아지는 수익성을 되찾기 위해 가격인상의 방법으로 소비자들에게 그 책임을 전가하는 방법을 사용하기도 한다. 하지만 소비자들에게 책임을 전가하여 가격을 인상하게 되면 인상된 가격으로 인해 판매가 줄어들 것이 걱정된다.

시장에서 가격결정력을 가지고 있는 마켓리더들은 원자재나 인건비의 상승부담을 가격인상의 방법으로 해결한다. 맥도널드, 버거킹 등 미국 내 주요 패스트푸드 레스토랑들은 COVID-19 기간에 메뉴의 가격을 평균 6.2% 인상하였다. 멕시칸푸드 전문점 치폴레는 직원들의 시간당 임금을 평균 15달러로 인상하겠다고 발표한 후 음식가격을 4%가량 인상하였다.

앞서 말한대로 가격의 인상은 수요의 감소를 일으킬 수 있기 때문에 매우 신중하게 결정하여야 한다. 맥도널드의 경우 올해 초부터 5가지의 새로운 메뉴를 선보이면서 가격을 높게 책정하는 방법을 사용하였다. 즉 가격에 대해서 비교대상이 없는 신메뉴의 가격을 높게 책정하면서 소비자의 반감을 줄인 것이다.

반대로 인플레 상황에서도 비용을 절감하는 방법으로 대처하는 기업도 있다. 원가 상승과 같은 비율로 매출을 증가시킬 수 있다면 인플레이션은 실질적으로 수익성에는 큰 영향을 주지 않을 것이기 때문이다. 오히려 인플레 위험을 적절히 관리한다면 기회로 삼을 가능성도 없지 않다. 가령 원가 부담을 판매 가격에 지혜롭게 반영할 수 있다면 도리어 수익성을 개선시킬 수 있는 좋은 기회가 될지도 모른다.

국내 패밀리레스토랑들도 코로나 사태 이후 가격을 인상한 업체가 많이 있다. 아웃백 관계자는 "지난 10월 19일 메뉴 개편과 함께 22개 메뉴의 가격을 평균 6.2% 인상했다"며 "식재료와 임차료 등 원가상승요인에 따라 부득이하게 가격을 인상했다"고 23일 밝혔다.

CJ푸드빌이 운영하는 빕스는 스테이크 등 단품 메뉴 가격은 인상하지 않았지만, 일부 매장의 샐러드바 가격이 올랐다. CJ푸드빌 관계자는 "COVID-19 이후 외식 서비스에 대한 고객 트렌드 변화와 니즈를 반영, 기존 오리지널 매장을 고급화해 샐러드부터 스테이크, 이탈리안 요리까지 메뉴별 완성도를 전문숍 수준으로 끌어올렸다"며 "차별화된 서비스, 메뉴 강화 등 고객 경험 가치를 높이기 위해 지속 노력하겠다"고 말했다.

출처 : 매일경제(www.mk.co.kr) 2021.07.08. 오원용 미국네바다주립대 경영대학교수의 컬럼 및 UPINEWS(www.upinews.kr) 2020.12.23.일 기사내용을 저자가 재구성함.

연습문제

1. 외식기업의 메뉴가격결정 시 고려하여야 할 요인에 대해서 설명하시오.

2. 메뉴의 가격결정 절차를 5단계로 설명하시오.

3. 같은 제품을 상이한 고객에게 상이한 가격에 판매할 수 있는 가격차별화전략에 대해서 설명하시오.

Chapter 11

인건비 관리

1. 인건비관리의 필요성
2. 인건비 분석
3. 인건비관리 절차
4. 생산성에 영향을 주는 요인

Chapter 11.

인건비 관리

학습 목표

1. 인건비 관리의 필요성을 설명할 수 있다.
2. 다양한 기준을 이용하여 인건비에 따른 생산성을 산출할 수 있다.
3. 표준화 방법을 이용한 인건비 관리 절차를 설명할 수 있다.
4. 생산성에 영향을 주는 요인들에 대해 설명할 수 있다.

1. 인건비 관리의 필요성

외식산업에서 제품을 생산하는 과정에서 발생하는 원가 중 인건비는 외식기업에서 식재료비와 더불어 가장 높은 비중을 차지한다. 최근에는 최저임금의 지속적인 상승과 직원들의 복지정책을 강조하는 사회적 분위기로 인건비는 과거에 비해 비중이 더 높아졌다.

인건비 관리를 잘못하는 기업은 목표로 하는 이익을 얻는 것이 어렵고 메뉴와 서비스 품질을 유지하는 것도 어렵게 된다. 인건비는 단순하게 인건비를 적게 사용하는 것에 초점을 맞추어 운영해서는 안 된다. 기업은 목표로 하는 이익을 창출할 수 있어야 하고 고객에게 메뉴나 서비스에 만족할 수 있는 제품과 서비스를 제공할 수 있는 수준을 유지하여야 한다.

인건비는 고객들에게 메뉴의 생산과 서비스를 제공하기 위한 종사원의 임금과 복지에 들어가는 비용처럼 눈에 보이는 비용과 새로운 직원을 선발하기 위한 광고, 모집, 선발, 교육 등의 직접적인 비용과 새로운 직원을 선발하고 배치하고 교육하는 과정 중에도 발생하는 간접적인 비용이 있다.

특히 외식기업은 이직율이 높은 산업군으로 기존의 직원이 이직하고 새로운 직원을 선발하게 되면 생산성이 저하되거나 새로운 직원이 직무를 완벽히 수행할 수 있을 때까지 다른 직원을 중복 배치하거나 초과근무가 발생하는 등 소요되는 간접적인 비용을 고려하여야 한다.

따라서 외식기업은 고객들에게 일정한 품질의 메뉴와 서비스의 제공을 통하여 목표하는 이익을 달성하기 위해서는 직원들의 이직이 발생하는 원인을 찾고 이직율을 낮출 수 있는 방안을 모색하여 운영하여야 한다.

2. 인건비 분석

기업은 영리를 목적으로 운영되기 때문에 근로자에게 전체 매출 대비 지급된 급여 수준에 따른 분석을 통하여 적절한 인건비 비중을 확인할 수 있다. 노동 생산성은 일정 기간 동안 직원이 수행한 업무에 대한 양을 측정한 것으로 손익계산서에 나타나는 전체 매출 대비 인건비의 비율로 분석할 수도 있다. 하지만 이와 같은 인건비율에 의한 분석방법은 노동강도에 따른 비용이나 노동생산성에 관한 분석은 알 수 없기 때문에 다양한 방법을 통한 분석이 필요하다.

1. 인건비 비율

인건비 비율은 총매출 대비 비율로 표시된다. 인건비 비율에 따른 인건비 분석 방법은 일반적으로 많이 사용하는 분석 방법으로 기업에서 산정하는 인건비 비중을 기준으로 인건비를 관리한다. 인건비는 정직원의 고정급과 시간제 급여 등의 모든 인건비를 포함하여 계산한다.

인건비 ÷ 총매출 = 인건비율

[예제]

다음과 같은 인건비 구조를 가지고 있는 점포 A와 점포 B의 인건비를 비교하시오.

구분	점포 A	점포 B
매출액	12,500,000원	15,000,000원
임금	2,500,000원	3,000,000원
고객수	2,300명	2,600명
총 근로시간	1,200시간	1,050시간

[풀이]

① 점포 A의 인건비 비율 = 2,500,000원 ÷ 12,500,000원 = 20%

② 점포 B의 인건비 비율 = 3,000,000원 ÷ 15,000,000원 = 20%

두 점포의 매출 대비 인건비 비율은 20%로 같다. 그러나 두 점포의 인건비를 비교하여 효율적인 인건비 활용 매장을 선별하는 것은 불가능하다.

2. 근무시간당 매출액

외식기업에서 가장 관리가 어려운 것이 노동의 시간이다. 외식기업의 특성상 고객의 주문에 의해 생산이 이루어지기 때문에 고객의 수요를 예측하여 직원을 배치할 수 있어야 한다. 직원을 배치하였음에도 불구하고 고객의 수요가 없다면 불필요한 인건비가 발생한 것으로 근로시간당 매출을 계산하여 근로자의 생산성을 측정하여야 한다.

총매출 ÷ 근로시간 = 근무시간당 매출액

[예제]

다음과 같은 인건비 구조를 가지고 있는 점포 A와 점포 B의 근무시간당 매출액을 비교하시오.

구분	점포 A	점포 B
매출액	12,500,000원	15,000,000원
임금	2,500,000원	3,000,000원
고객수	2,300명	2,600명
총 근로시간	1,200시간	1,100시간

[풀이]

① 점포 A의 근무시간당 매출액 = 12,500,000원 ÷ 1,200시간 = 10,417원

② 점포 B의 근무시간당 매출액 = 15,000,000원 ÷ 1,100시간 =13,636원

두 점포의 근무시간당 매출액을 비교해본 결과 점포 A는 10,417원, 점포 B는 13,636원으로 점포 B가 동일한 근무시간당 더 많은 매출을 창출한 것을 알 수 있다.

3. 고객 1인당 인건비

고객 1인당 인건비는 기간 중에 지출된 총 인건비를 고객수로 나누어 구할 수 있다. 근무시간당 매출액은 판매 확대를 통해 매출을 창출하기 위해 근로자에게 지급되는 금액에 대해서는 고려되고 있지 않기 때문에 고객서비스를 제공하기 위해서 근로자가 지급받는 급여를 계산함으로써 근로자의 생산성을 확인할 수가 있다. 고객 1인당 인건비가 낮다는 것은 인건비의 효율적 운영을 의미한다.

인건비 ÷ 서비스된 고객수 = 고객 1인당 인건비

[예제]

다음과 같은 인건비 구조를 가지고 있는 점포 A와 점포 B의 고객 1인당 인건비를 비교하시오.

구분	점포 A	점포 B
매출액	12,500,000원	15,000,000원
임금	2,500,000원	3,000,000원
고객수	2,300명	2,600명
총 근로시간	1,200시간	1,100시간

[풀이]

① 점포 A의 고객 1인당 인건비 = 2,500,000원 ÷ 2,300명 = 1,087원

② 점포 B의 고객 1인당 인건비 = 3,000,000원 ÷ 2,600명 = 1,154원

두 점포의 고객 1인당 인건비를 비교해본 결과 점포 A는 1,087원, 점포 B는 1,154원으로 점포 A가 고객 1인당 인건비가 더 낮은 것을 확인할 수 있다. 즉 점포 A가 보다 더 효율적으로 운영하였다고 할 수 있다.

4. 근로시간당 고객수

외식기업에서 매출액이 고객수와 항상 비례하는 것이 아니기 때문에 인력배치 시 매출액만을 고려하여 배치하지 않는다. 고객에게 표준화된 제품과 서비스를 제공하기 위해서는 고객수도 고려하여 인력을 배치하여야 기업에서 고려하는 표준 제품과 서비스를 고객들에게 제공할 수 있고 고객 만족을 이끌어 낼 수 있다.

전체적인 서비스 고객수가 많은 것이 생산성이 높은 것은 아니다. 기업별로 적정한 고객수를 유지할 수 있도록 직원를 배치하여야 한다.

근무시간당 고객은 고객수를 근무시간으로 나누어 생산성을 측정하는 지표이다. 다른 급여체계와 판매가격을 가지고 영업을 진행하는 동종업체와 비교하는 데 널리 사용될 수 있다.

고객수 ÷ 근무시간 = 근로시간당 고객수

[예제]

다음과 같은 인건비 구조를 가지고 있는 점포 A와 점포 B의 근로시간당 고객수를 비교하시오.

구분	점포 A	점포 B
매출액	12,500,000원	15,000,000원
임금	2,500,000원	3,000,000원
고객수	2,300명	2,600명
총 근로시간	1,200시간	1,100시간

[풀이]

① 점포 A의 근로시간당 고객수 = 2,300명 ÷ 1,200시간 = 1.92명

② 점포 B의 근로시간당 고객수 = 2,600명 ÷ 1,100시간 = 2,36명

두 점포의 근로시간당 고객수를 비교해본 결과 점포 A는 1.92명, 점포 B는 2.36명으로 점포 A가 근로시간당 고객수가 더 낮은 것을 확인할 수 있다. 즉 점포 B가 보다 더 효율적으로 운영하였다고 할 수 있다.

3. 인건비 관리 절차

1. 생산성 표준화 수립

생산성 표준화는 업장을 적절하게 운영할 수 있는 직원을 선정하고 구성하는 것으로써 시작한다. 이는 과거직무수행을 바탕으로 수립될 수 있다. 직원을 선정한 후에 노동투입 단위당 합리적으로 기대할 수 있는 생산량표준을 예측하게 된다.

생산량표준은 일반적으로 단위기록, 회사평균, 업계평균, 관리경험 등을 반영하여 결정하게 된다.

과거의 자료가 항상 올바른 것은 아니기 때문에 직원이 훌륭한 메뉴의 생산과 서비스 제공을 위한 인건비 비율, 고객의 수, 근무시간당 매출 등의 생산량표준을 정해야 한다. 생산량표준은 메뉴의 종류, 고객의 유형 등 상세한 직무분석을 통하여 설정할 수 있다.

2. 판매량 예측

외식기업은 판매량을 예측하고 생산량표준을 고려하여 효과적으로 메뉴를 생산하고 고객을 서비스하는 데 필요한 직원수를 결정할 수 있다.

3. 필요한 직원수 결정

생산성표준과 예상 판매량에 인건비 산출 공식을 활용하여 인건비 예산을 설정하는 것이 가능하다.

인건비 ÷ 총매출 = 인건비 비율

예상총매출 × 표준인건비비율(%) = 예상인건비

고객수 ÷ 근무시간 = 근무시간당 서비스 고객수

예상서비스고객수 ÷ 표준 근무시간 = 예상근무시간당 서비스 고객수

4. 결과에 대한 분석

인건비의 예상과 실제를 비교하여 결과를 분석하고 이를 근거로 향후의 예산수립 시 참고한다. 과거의 자료를 바탕으로 향후에 발생될 인건비의 예상치를 계산할 수 있다는 것이다.

일반적으로 예상 인건비와 실제 사이에 차이가 발생하는 이유는 부적절한 직무분석, 부정확한 매출 및 고객수의 예측, 효과적이지 못한 스케줄 작성과 과도한 초과 근무, 예상치 못한 업무량의 변동 등이 있다.

4. 생산성에 영향을 주는 요인

외식기업의 생산성은 다양한 요인에 의해 영향을 받을 수 있다. 따라서 외식기업 관리자는 다음의 요인을 고려하여 인건비를 관리하여야 한다.

① **직원선발** : 적절한 직원의 선발은 생산성에 매우 중요한 영향을 주는 요인이다. 직원을 선발할 때에는 직무명세서와 직무기술서 등을 통하여 채용할 직원의 직무를 정확하게 공지하고 해당 직무에 적합한 인재를 선발할 수 있어야 한다.

② **교육훈련** : 종사원을 교육하고 훈련하는 목적은 외식기업에 방문한 고객에게 만족스러운 음식과 서비스를 제공하는 기업이 정하는 표준직무의 방법을 알려 주는데 있다. 효과적인 교육은 직무만족도를 향상시키고 직원이 담당하고 있는 업무에 대한 성취감을 높일 수 있다는 것이다.

③ **관리감독** : 직원이 기업의 표준을 준수하고 있는지에 대한 감독을 통하여 직원의 생산성 향상을 만들 수 있다.

④ **스케줄 관리** : 생산성이 높은 직원일지라도 경영진에 의해 적절한 스케줄 관리가 이루어지지 않으면 생산성 효율은 낮아질 수밖에 없다. 스케줄 관리를 통하여 업장에 고객이 몰리는 시간에 더 많은 직원을 투입하여 생산성을 향상시켜야 한다.

⑤ **휴식** : 휴식은 불필요하거나 낭비하는 시간이 아니라 지속적인 고객 서비스를 위해 생산성을 향상시키는데 필요한 부분이라는 것을 인식하여야 한다.

⑥ **동기부여** : 동기가 부여된다는 것은 근무를 하는 직원들에게 비전을 제공하고 이를 공유하는 것이다. 비전의 창출을 통해 직원은 이곳에서 근무하는 목적을 찾을 수 있게 되고 직원들의 근무지속성에도 영향을 미칠 것으로 판단된다.

⑦ **메뉴** : 외식기업에서 운영하는 메뉴의 수와 구성 그리고 운영방법에 따라 생산성에 차이가 발생한다. 메뉴는 직원의 기술 수준과 주방 설비를 바탕으로 체계적으로 구성하여야 한다.

⑧ **근무환경** : 주방의 시설이나 환경이 기업의 표준직무에 적합하여야 생산표준이나 서비스표준을 준수할 수 있다. 경영자는 시설과 장비에 대해 관리하고 정기적으로 점검하여 최상의 조건을 만들어 주어야 한다.

⑨ **서비스 수준** : 외식기업은 업태에 따라 제공되는 서비스의 수준은 다르고 이에 따른 생산성의 차이가 발생한다. 관리자는 기업의 서비스 수준을 고려한 표준을 설정하여야 한다.

Check point

주 52시간도, 최저임금도 필요없다... 식당 '요리로봇' 급증한다.

식당에 로봇 자동화 바람이 불고 있다. COVID-19 사태와 1인 가구 증가로 배달음식 수요가 폭발적으로 늘어난 가운데, 로봇과 빅데이터를 무기로 주방과 서비스를 담당하는 로봇들이 등장하면서다.

우리 주변에 로봇을 이용하는 사례는 다음과 같다.

서울 목동에 위치한 민트피그분식은 모바일 앱 배달 주문이 들어오면 직원은 준비된 식재료를 표준레시피 기준으로 정량화하여 드럼통처럼 생긴 로봇 '오토웍'에 털어 넣는다. 오토웍은 첫 4분 동안은 고열로 천천히 돌다가 마지막 2분은 온도를 낮추며 회전 속도를 높이고 6분 만에 완성한 국물떡볶이 2인분을 몸통을 기울여 접시에 담았다. 세척도 자동으로 진행된다. 레시피에 맞게 식재료를 준비하고 투하할 때를 제외하면 요리부터 담기, 설거지까지 사람의 손길이 전혀 닿지 않는다. 그런데도 네이버 맛 평점은 5점 만점에 4.6점. 지난 6월 문을 열었는데 '동네 맛집'으로 소문났다.

서울 삼성동의 '매드포갈릭 봉은사점'에서 실제 사용하는 AI보이스봇은 KT에서 개발하여 실용화되었다. AI보이스봇은 매장 전화를 대신 받아 문의응대나 예약접수 등의 업무를 처리한다. 서울 관악구에 위치한 샐러드 전문식당 아보카도랩에서는 로봇이 샐러드볼푸드를 만들고 있다. 주문이 들어오면 컨베이어벨트에 종이접시가 투하되고 컨베이어벨트를 통과하면서 상단에 설치된 배출구에서 레시피 정량의 채소와 소스가 투입되어 샐러드를 완성한다. 1시간에 150인분의 샐러드를 조리할 수 있다고 한다.

자동화 로봇의 가장 큰 이점은 인건비의 절약이다. 정보기술(IT) 업계 관계자에 따르면 초기 설치 가격도 1000만원을 밑돌아 2~3달 잘만 활용하면 주방보조 조리사보다 비용적인 측면에서도 이익이다. 게다가 로봇은 주 52시간 근무제나 최저임금제의 적용을 받지 않아 24시간 가동이 가능하다. 다양한 메뉴를 만들 때 한결같은 맛을 낼 수 있다.

출처 : 매일경제(www.mk.co.kr) 2021.08.09. 내용 저자 재구성

연습문제

1. 표준화 방법을 이용한 인건비 관리 방법에 대해 설명하시오.

2. 인건비 관리는 생산성과 밀접한 관계를 가지고 있다. 외식기업에서 생산성에 영향을 주는 요인들에 대해서 설명하시오.

참고 문헌

- 강무근, 조한용, 우문호, 권상일, 김경환(2014), "관광외식원가관리". 효일.
- 구원일, 안윤영(2018). "호스피탈리티 식음료원가관리". 북넷.
- 김동수, 송기옥, 왕철주(2017). "식음료원가관리론". 백산출판사.
- 김영갑(2021). "음식점성공창업을 위한 외식사업창업론". 교문사.
- 김영갑(2017). "외식사업메뉴경영론". 교문사.
- 나정기(2011). "식음료원가관리의 이해". 백산출판사.
- 라피모하메드(2006). "가격결정의 기술". 지식노마드.
- 박경곤, 최성기(2019). "호텔외식 식자재관리 및 구매". 백산출판사.
- 박진우(2017) "Foodservice Mangemant 외식경영학". 형설출판사.
- 백승희, 신서영, 차성미(2019). "외식원가관리". 파워북.
- 성기협, 박헌진, 채경현, 최미경, 최우승(2010). "메뉴관리론". 교문사.
- 송수근, 백남길(2012). "외식조리원가관리". 백산출판사.
- 셰릴 루이스, 더글라스 R. 브라운, 샤론 풀렌, 엘리자베스 가드스마크(2010). "원가관리노하우". 백산출판사.
- 양경승(2017). "외식조리원가관리". 라온.
- 이세훈, 이종원, 최우승(2020). "컴퓨터활용×원가관리". 고요아침.
- 이정실(2005). "Kasavana & Smith의 메뉴분석방식과 Pavesic의 메뉴분석방법의 비교연구·관광연구"20(1), 21~32.
- 이진미(2019). "NCS외식원가관리". 백산출판사.
- 정유경(2018). "외식산업경영". 북넷.
- 진양호(2014). "호텔 & 외식산업 원가관리론". 지구문화사.
- 최정길, 정젤나(2017). "호텔외식산업 기초원가관리". 대왕사.

찾아보기

알기 쉬운 원가관리

1판 1쇄 인쇄 | 2021년 9월 10일
1판 1쇄 발행 | 2021년 9월 15일

저 자 | 김문호 · 김영신 · 박춘호
이신우 · 최동국 · 황수영

발행인 | 주병오 · 주민기

발행처 | (주) 지구문화

경기도 파주시 회동길 209
파주출판문화도시

영업팀 (031) 955-7566 · 7577
편집팀 (031) 955-7731
FAX (031) 955-7730
홈페이지 www.ji-gu.co.kr
전자우편 jigupub@hanmail.net
등록번호 제 406-2005-000045호

ISBN 978-89-7006-896-1
값 22,000원

Sale Performance